Veronika Pichl

MEAL PREP
für Kinder

Veronika Pichl

MEAL PREP
für Kinder

60 leckere und gesunde Ideen für Pausenbrot und Lunchbox

riva

Bibliografische Information der Deutschen Nationalbibliothek
Die Deutsche Nationalbibliothek verzeichnet diese Publikation in der Deutschen Nationalbibliografie. Detaillierte bibliografische Daten sind im Internet über https://dnb.de abrufbar.

Für Fragen und Anregungen
info@m-vg.de

Wichtiger Hinweis
Ausschließlich zum Zweck der besseren Lesbarkeit wurde auf eine genderspezifische Schreibweise sowie eine Mehrfachbezeichnung verzichtet. Alle personenbezogenen Bezeichnungen sind somit geschlechtsneutral zu verstehen.

Originalausgabe
7. Auflage 2026

Türkenstraße 89
80799 München
Tel.: 089 651285-0

Redaktion: Caroline Kazianka
Umschlaggestaltung: Münchner Verlagsgruppe GmbH
Umschlagabbildungen: Vorderseite: oben: Vanessa Faschingbauer, unten: Veronika Pichl;
Rückseite: Vanessa Faschingbauer
Satz: inpunkt[w]o, Haiger (www.inpunktwo.de)
Druck: Florjancic Tisk d.o.o., Slowenien
Printed in the EU

ISBN 978-3-7423-1514-4

Weitere Informationen zum Verlag finden Sie unter
www.rivaverlag.de
Beachten Sie auch unsere weiteren Verlage unter www.m-vg.de

Inhalt

MEAL PREP FÜR KINDER: LECKERE LUNCHBOX VORBEREITEN 11

Warum eine ausgewogene Ernährung so wichtig ist 12

Gesunde Kinderernährung – was dabei nicht fehlen darf 14

Praxis statt Theorie: Was kommt in die Lunchbox und auf das Pausenbrot? 15

Gesundes kindgerecht verpackt 17

Clever vorbereitet: Lunchbox-Prep für Kids 19

Die richtigen Pausenboxen finden – auf was sollte man achten? 22

Meal Prep für und mit Kindern – so geht's.......... 23

PAUSENBOX-IDEEN 27

PAUSENBOX-IDEE 1: Frühstücksmuffins, Joghurt, Beeren und Cashewkerne 28

PAUSENBOX-IDEE 2: Belegtes Vollkornbrot, Gurkensticks, Snacktomaten, Käseröllchen und Weintrauben 30

PAUSENBOX-IDEE 3: Brot-Käse-Gurken-Spieß, Essiggurken, Energiebällchen, Gemüsewürfel und Obst 32

PAUSENBOX-IDEE 4: Eiaufstrich-Sandwich, Radieschensterne, Käse-Besen, Erdbeeren und Nuss-Kerne-Mix 34

PAUSENBOX-IDEE 5:
Karottensticks mit Hummus, Knäcke-Ecken und Apfelstücke
36

PAUSENBOX-IDEE 6:
Pizzadillas, Karotten-Gurken-Türme mit Apfel- und Erdbeerscheiben
38

PAUSENBOX-IDEE 7:
Herzige Tomaten-Mozzarella-Spieße, Käsepfeil-Spieße, Snacktomaten, Chia-Pudding und Weintrauben
40

PAUSENBOX-IDEE 8:
Avocado-Thunfisch-Sandwich und Apfelmonster
42

PAUSENBOX-IDEE 9:
Quinoa-Salat, Paprikastreifen und Weintrauben
44

PAUSENBOX-IDEE 10:
Waffelhappen, Mango-Igel, Beerenspieße und Pekannüsse
46

PAUSENBOX-IDEE 11:
Käse-Toast mit Herz, Karottensticks und Feigenblume
48

PAUSENBOX-IDEE 12:
Hähnchen-Karottenchips-Mix mit Sauerrahm-Dip und Heidelbeeren
50

PAUSENBOX-IDEE 13:
Gurken-Wrap-Röllchen-Spieße, Gemüsesticks, Bananenkekse und Apfel
52

PAUSENBOX-IDEE 14:
Würstchen-Schnecken, Pumpernickel- und Gurkenburger mit bunten Beeren
54

PAUSENBOX-IDEE 15:
Roggenbrot mit Avocado-Ei-Aufstrich, Erdbeerjoghurt, gehackte Nüsse und Soja-Crispies
56

PAUSENBOX-IDEE 16:
Knäckebrot, Joghurt-Dip, Karottennudeln und Tomaten
58

PAUSENBOX-IDEE 17: Krokodilbrötchen, Karotten-Radieschen-Sterne und Mandarinenblume 60

PAUSENBOX-IDEE 18: Blumenkohlbratlinge, Apfelmaus und bunter Obst- und Gemüsemix 62

PAUSENBOX-IDEE 19: Gemüsemuffin, bunte Snacktomaten, Beeren und Schokoladensplitter 64

PAUSENBOX-IDEE 20: Herzhafte Hörnchen, Apfelautos und Gurkensticks 66

PAUSENBOX-IDEE 21: Pizzawaffeln und Beeren 68

PAUSENBOX-IDEE 22: Tomaten-Käse-Spieße, Studentenfutter und Erdbeer-Kiwi-Mix 70

PAUSENBOX-IDEE 23: Brötchen am Stiel, Gurke, Beeren-Mix und Käse-Schinken-Rollen 72

PAUSENBOX-IDEE 24: Nudel-Erbsen-Mix, Paprika- und Pfirsichstücke 74

PAUSENBOX-IDEE 25: Mini-Pancake-Spieße, Joghurt, Obst und Apfelmus 76

PAUSENBOX-IDEE 26: Rührei mit Pilzen, Snacktomaten und Bananenstücke 78

PAUSENBOX-IDEE 27: Gekochtes Ei, Snacktomaten, Karottenstreifen, Käsewürfel, Himbeeren und Kokos-Chips 80

PAUSENBOX-IDEE 28: Bananenbrot, Apfelstücke und Mandarine 82

PAUSENBOX-IDEE 29:
Gemüsewraps, Snacktomaten und Banane
84

PAUSENBOX-IDEE 30:
Haferflocken-Bananen-Küchlein, bunte Toast-Spieße, Käsesterne und Weintrauben
86

PAUSENBOX-IDEE 31:
Brotmonster, Bananen-Heidelbeer-Spieße und Paprika-Karotten-Knabberstreifen
88

PAUSENBOX-IDEE 32:
Brot-Frischkäse-Schnitten, Minikäse, Gurken-Tomaten-Spieße, Herz-Erdbeeren und Weintrauben
90

PAUSENBOX-IDEE 33:
Knabberbox mit Kartoffelchips, Würstchen, Obst- und Gemüsesternen
92

PAUSENBOX-IDEE 34:
Schoko-Crêpes-Röllchen, bunte Beeren und Cashewkerne
94

PAUSENBOX-IDEE 35:
Herzhaftes Bärchen mit buntem Obst- und Gemüseallerlei
96

PAUSENBOX-IDEE 36:
Wurstbrot-Spieße, Gurken- und Karottensticks, Snacktomaten und Apfelscheiben
98

PAUSENBOX-IDEE 37:
Herzige Haferkekse, Gurken-Paprika-Sticks und Clementine
100

PAUSENBOX-IDEE 38:
Überbackenes Knäckebrot, Ninja-Käse, Gurke und Apfel
102

PAUSENBOX-IDEE 39:
Pancake-Tacos mit bunten Gemüsestücken und Joghurt mit Haferflocken
104

PAUSENBOX-IDEE 40:
Gemüse-Mozzarella-Bällchen, Gurkenstreifen, Karottensticks und -sterne und Pflaume mit Stern
106

PAUSENBOX-IDEE 41:
Belegtes Brötchen, bunte Obstspieße mit Schokoladen-Dip
108

PAUSENBOX-IDEE 42:
Puzzle-Toast, Zimt-Popcorn und bunte Obst- und Gemüsestücke
110

PAUSENBOX-IDEE 43:
Süße Waffeln, Joghurt mit Mandeln, Apfelscheiben und Erdbeeren
112

PAUSENBOX-IDEE 44:
Kartoffelpüree mit Erbsen, Bohnenfrikadellen, schokolierte Mandarinenstücke, Salzstangen und Schokoladensplitter
114

PAUSENBOX-IDEE 45:
Mozzarella-Wraps, Schafskäsewürfel, Mandarine, Apfelstücke, Gurkensticks und Tomaten
116

PAUSENBOX-IDEE 46:
Banana-Bread-Minimuffins, Himbeeren und Karottenblumen
118

PAUSENBOX-IDEE 47:
Bärchenpizza, Gurken- und Paprikastreifen, Mango-Heidelbeeren-Mix
120

PAUSENBOX-IDEE 48:
Schinken- und Käseformen, Karotten- und Bananenstücke, Weintrauben und Studentenfutter
122

PAUSENBOX-IDEE 49:
Gebackene Kartoffelspalten mit Paprika-Dip, Minikäse und Nektarine
124

PAUSENBOX-IDEE 50:
Käsebrotschnitten, Hähnchenbrustfiletstreifen, Milchreis mit herzigen Erdbeeren und buntes Gemüse
126

PAUSENBOX-IDEE 51:
Toast mit Bohnen-Snack, Obst- und Gemüsespieße
128

PAUSENBOX-IDEE 52:
Bärchenbrötchen, Joghurt mit Beeren und Gemüse-Mix
130

PAUSENBOX-IDEE 53: Heidelbeer-Bananen-Muffins, Gurken-Karotten-Sticks, Beeren und Banane 132

PAUSENBOX-IDEE 54: Toast-Smiley mit Käserolle, Gurken-Paprika-Spieße und Beeren-Pudding 134

PAUSENBOX-IDEE 55: Beeren-Zimtschnecken, süßer Quark und Gemüse mit Wurst- und Käserollen 136

PAUSENBOX-IDEE 56: Regenbogen-Piccolini, Gurkenblümchen, Snacktomaten und Weintrauben 140

PAUSENBOX-IDEE 57: Pancake-Spieße, Beeren- und Nuss-Trockenfrüchte-Mix 142

PAUSENBOX-IDEE 58: Pikante Crêpes, Beeren-Bliss-Balls, Himbeeren und Gurkensterne 144

PAUSENBOX-IDEE 59: Wölkchen-Toast, bunte Snackbällchen, Popcorn, Käse, Schinken, Gemüse und Obst 146

PAUSENBOX-IDEE 60: Süßkartoffelgnocchi mit Zucchini-Tomaten-Gemüse, Mozzarellaherzen, Apfel- und Kiwistücke 148

Über die Autorin 151

Kostenloses Bonusmaterial zum Buch 152

Mitwirkende 153

Empfehlungen 153

Zutatenregister 155

Meal Prep für Kinder: leckere Lunchbox vorbereiten

Meal Prep ist derzeit in aller Munde. Aus den sozialen Netzwerken, Küchen und Lunchboxen vieler Erwachsener sind leckere, gesunde und selbst vorbereitete Mahlzeiten nicht mehr wegzudenken. Kein Wunder eigentlich – schließlich hilft Meal Prep dabei, gesünder und frischer zu essen, es spart Zeit und macht es zudem leicht, sich an einen bestimmten Ernährungsplan zu halten.

Doch wie sieht es in der Lunch- oder Frühstücksbox unserer Kinder aus? Leider oft ziemlich karg. Viel zu oft landen ein schneller Snack vom Bäcker oder Schulkiosk sowie Kekse, Cracker oder andere ungesunde Dinge in der Schul- oder Kindergartentasche.

Dabei sind gesunde und ausgewogene Mahlzeiten gerade für Kids besonders wichtig – und lassen sich mit unseren Lunchbox-Prep-Ideen außerdem schnell vorbereiten und gut mitnehmen.

Warum eine ausgewogene Ernährung so wichtig ist

Ein Pausenbrot mit Schokocreme oder vielleicht auch nur ein paar Kekse – klar, dass das kein so gesunder Pausensnack ist. Hin und wieder fällt die Wahl bei Eltern und Kindern in der alltäglichen Hektik aber dennoch auf diese Brotdosen-Füller. Dabei sollte eine gesunde Schul- oder Kindergartenmahlzeit doch ganz anders aussehen. Und dafür gibt es gleich mehrere gute Gründe.

Eine ausgewogene Ernährung mit vielen frischen Zutaten liefert Kindern wertvolle Nährstoffe, die sie zum Wachsen und Gedeihen brauchen – das ist den meisten Eltern klar. Darüber hinaus beeinflussen sich jedoch auch kindliche Ernährung, Bewegungsverhalten und Stressbewältigungsfähigkeiten gegenseitig und lassen eine sinnvolle, gesunde Ernährung zu einem noch wichtigeren Baustein einer guten Entwicklung werden.

Stellt die aufgenommene Nahrung dem Kind alle wichtigen Nährstoffe, Vitamine und Mineralien zur Verfügung, liefert sie üblicherweise ebenfalls die nötige Energie, um täglich aktiv zu sein, zu spielen und zu lernen.

Je aktiver Kids dabei sind, desto mehr Nahrungsenergie wird umgesetzt – das macht sich dann durch einen gesunden Appetit, bei einer vollwertigen Ernährung aber gleichzeitig auch durch ein natürliches Sättigungsgefühl bemerkbar. So wird die tägliche Energieaufnahme des Kindes ganz selbstverständlich reguliert. Ist die Ernährung des Kindes hingegen nährstoffarm oder zu energiereich, gerät dieser Regelungsmechanismus ins Ungleichgewicht. Oft sind Heißhunger aufgrund mangelnder Nährstoffversorgung und eine damit verbundene zu hohe Energieaufnahme die Folge, was auf Dauer zu Übergewicht, weniger Interesse an Aktivität und Bewegung sowie zu einem gesteigerten Stressempfinden führt.

Ähnliches gilt auch bei einer zu einseitigen Ernährung mit zu geringer Nährstoffzufuhr. Diese macht Kinder ebenfalls stressanfälliger und fördert Heißhunger und somit die Aufnahme von zu viel Nahrungsenergie (besonders oft in Form von Süßigkeiten).

Auf lange Sicht gesehen kann eine unausgewogene Ernährung im Kindesalter nicht nur zu Gewichtsproblemen, sondern auch zu einem erhöhten Stressempfinden führen. In der Folge fühlt sich das Kind in bestimmten Situationen schneller belastet oder den Anforderungen nicht gewachsen. Das kann beim Spielen oder Streiten mit Gleichaltrigen, genauso gut aber auch beim Lernen und Konzentrieren in der Schule der Fall sein.

Oft löst ein gesteigertes Stressempfinden dann nicht nur Lernfrust und Motivationsmangel aus. Von Kind zu Kind unterschiedlich macht sich das zu hohe Stressniveau häufig auch durch Appetitverlust oder in anderen Fällen durch Überaktivität oder Trägheit bemerkbar. In allen Fällen gilt jedoch: Führt man sich einmal vor Augen, auf welche Weise die Ernährung Aktivität und Stressempfinden unserer Kinder beeinflussen, wird schnell klar, welche positiven Effekte gesundes, ausgewogenes und nährstoffreiches Essen haben kann. Gleichzeitig fällt aber auch auf, dass eine einseitige oder zu nährstoffarme Ernährungsweise der Kindesentwicklung schaden kann.

Gesunde Kinderernährung – was dabei nicht fehlen darf

Bereits ab einem Alter von etwa einem Jahr können Kinder an den normalen Familienmahlzeiten teilnehmen. Genau wie für den Rest der Familie sollte eine ausgewogene und abwechslungsreiche Ernährung dabei schon für die Kleinsten im Vordergrund stehen.

Klar, aufwendige Rezepte oder Kalorienzählen sind hierbei nicht notwendig. Es ist ausreichend, auf eine ausgewogene, vielseitige Kost zu achten, die Kids alles das gibt, was sie zum Wachsen, Lernen und Spielen brauchen. Ebenfalls überflüssig sind Fertigprodukte oder sogenannte Kinderlebensmittel; diese enthalten meist große Mengen an Zucker oder künstlichen Geschmacksverstärkern. Im Grunde genügt es vollkommen, einige einfache Ernährungsregeln zu beachten:

- Ausreichend trinken: Genau wie Erwachsene müssen Kinder genug trinken. Am gesündesten sind dabei Wasser oder andere ungesüßte Getränke (z. B. zuckerfreier Tee).
- Frisch und pflanzlich: Viel frisches Gemüse, Obst sowie Vollkorngetreide und Getreideprodukte sollten täglich auf dem Speiseplan stehen. Sie liefern wertvolle Vitamine, Mineralien sowie Ballaststoffe und machen lange satt.
- Wertvolle Proteinspender: Fleisch, Fisch, Eier und Milchprodukte (etwa Joghurt, Käse oder Quark) enthalten wertvolle Proteine. Proteine sind der Stoff, aus dem all unsere Körpersubstanz gemacht ist. Sie unterstützen deshalb selbstverständlich auch das kindliche Wachstum. Entsprechend sollten proteinreiche Lebensmittel jede Mahlzeit ergänzen.
- Zucker sinnvoll dosieren: Süßigkeiten, Snacks und Fertiggerichte enthalten besonders viel Zucker. Und der ist bekanntermaßen nicht nur schlecht für die Zähne, sondern liefert auch (zu viel) Energie, macht Kinder oft unruhig, unkonzentriert und fördert außerdem Heißhunger auf noch mehr Süßes.

Praxis statt Theorie: Was kommt in die Lunchbox und auf das Pausenbrot?

Schnell, lecker und gesund soll es sein – doch wie sieht das ideale Pausenbrot oder die perfekte Pausenbox für Kinder nun aus?

Ganz klar: Das Pausenbrot und der Inhalt der Lunchbox sollen gesund sein, gleichzeitig aber auch Energie für einen längeren Zeitraum liefern, sättigen und dazu noch schmecken. Selbstverständlich soll sich die Schul- oder Kindergartenmahlzeit außerdem unkompliziert transportieren lassen und Appetit machen.

Ideal als leckerer Sattmacher für die Lunchbox ist das gute alte Pausenbrot. Optimalerweise aus Vollkornbrot bestehend, hält es besonders lange satt und liefert ausreichend Energie für den Tag. Weniger gut geeignet sind hingegen Weißbrot oder Toast. Zwar liefert auch aus weißen Mehlsorten gebackenes Brot Energie. Allerdings enthalten diese Brotsorten kaum Ballaststoffe und lassen schon nach kurzer Zeit erneut ein Hungergefühl aufkommen. Insbesondere liegt das daran, dass die einfachen Kohlenhydrate weißer Mehlsorten den Blutzuckerspiegel rasant ansteigen, aber auch rapide wieder absinken lassen. Das macht Kinder schnell unruhig und unkonzentriert und gerade in der Schule ist das natürlich wenig hilfreich.

Falls es doch mal Weißbrot oder Toast sein soll, dann versuchen Sie einfach,

mit viel Gemüse und einer guten Proteinquelle (wie Käse oder Ei) eine ausgewogene Mahlzeit zusammenzustellen.

An den Grundsätzen einer gesunden Kinderernährung orientiert, gehören neben den komplexen, z. B. durch Vollkornbrot oder andere Vollkornprodukte gelieferten Kohlenhydraten auch Obst, Gemüse und eine gesunde Proteinquelle in die Lunchbox bzw. Pausenbrotdose.

Besonders gesunde Proteinquellen sind Frischkäse, Joghurt, Käse, andere Milchprodukte oder auch Hähnchen- oder Putenfleisch. Wer sich dabei für Frischkäse oder Kräuterquark entscheidet, schlägt beim Vorbereiten des Pausenbrots übrigens gleich zwei Fliegen mit einer Klappe. Schließlich eignet sich Frischkäse – ganz gleich, ob cremig oder körnig – ganz hervorragend, um noch weitere gesunde Extras wie Salatblätter oder knackige Gemüsescheiben auf dem Brot zu fixieren. Ganz nebenbei liefern Frischkäse und seine Milchprodukt-Kollegen außerdem jede Menge Kalzium, das für den Knochenaufbau wichtig ist.

Gerade für größere Kinder darf es statt des klassischen Pausenbrots natürlich gern eine Lunchbox wie bei den Großen sein. Auch hier sollte auf eine gesunde Balance aus komplexen Kohlenhydraten, Proteinen sowie Obst und Gemüse geachtet werden, um eine ausgewogene Mahlzeit zu erhalten. Das klappt beispielsweise mit der Beigabe einer kleinen Tüte Trinkmilch oder eines anderen Milchprodukts, einer kleinen Schale Naturjoghurt mit Obst (ohne Zuckerzusatz) und etwas Kräuterquark zum Dippen für Gemüsesticks und Vollkorncracker.

Verzichten sollte man hingegen besser auf Süßes wie Nutella, Marmelade, Schokoriegel & Co. Wie schon erwähnt, lassen diese den Blutzucker- und Insulinspiegel rasant ansteigen und auch wieder sinken. Das zieht meist Heißhungerattacken nach sich und beeinträchtigt die Konzentrationsfähigkeit.

Selbstverständlich sind der Kreativität bei der Lunchbox-Zusammenstellung keine Grenzen gesetzt und hin und wieder ist durchaus ein süßer oder »weniger gesunder« Snack erlaubt. Sofern Schokokeks, Waffel oder Marmeladenbrot in der Pausenbox landen, sollten Sie allerdings versuchen, den weniger gesunden Snack mit etwas frischem Obst oder Gemüse auszugleichen. Schließlich gilt auch bei der Box-Zusammenstellung: Die Mischung macht's!

Gesundes kindgerecht verpackt

Kindern Gesundes schmackhaft machen – das kann für Eltern eine undankbare Aufgabe sein. Muss es aber nicht!

Klar, vielen süßen Verlockungen, gezuckerten Fertig-»Kindergerichten« und anderen Lifestyle-Produkten aus dem Kühlregal können gerade Kids nur schwer widerstehen. Allerdings kann auch ein selbst zubereitetes Pausenbrot oder eine gesunde Lunchbox schmackhaft und gleichzeitig genauso bunt und einladend sein wie süße Fertig-Versuchungen. Im Folgenden erhalten Sie einige Tipps für eine kindgerechte Aufbereitung.

Hilfreiches Zubehör für die Kinder-Lunchbox

Zur Gestaltung von Brot, Obst, Gemüse und Co. für die Kinder-Lunchbox gibt es eine große Auswahl an Ausstechformen, Spießen und Zubehör. Oft können Sie aber bereits in Ihrem Haushalt vorhandene Hilfsmittel verwenden, z. B. ein Glas, um einen Kreis auszustechen oder Brot, Käse und Gemüse mit dem Messer zuschneiden.

Folgende Utensilien kommen in diesem Buch zum Einsatz:

- Muffinformen, z. B. bunte Silikon-Muffinformen zum Backen, aber auch zum Einfüllen von Obst- und Gemüsestücken
- Papier-Muffinformen
- Mini-Muffinformen
- Zahnstocher
- Holzspieße
- Holzstiele/Eisstiele
- Ausstechformen in diversen Größen, z. B. Sterne, Herzen, Kreise, Puzzleteile, Wölkchen, Mäuse, Hasen, Smileys
- kleine Behälter zum Einfüllen von Dips, Joghurts, Saucen etc.
- bunte Partyspicker
- Kastenformen (20 cm + 25 cm)
- Waffeleisen (z. B. belgisches Waffeleisen oder Herzwaffeleisen)
- Silikon-Waffelform
- Panini-Grill

Eine Übersicht des in diesem Buch verwendeten Zubehörs und Bezugsquellen finden Sie unter:

https://happyfitfood.de/shop/

Kunstschnitzerei

Selbst Pausenbrotverweigerer greifen gerne zu, wenn sich die gesunde Mahlzeit mal in ganz neuer Form präsentiert. So lässt sich ein lecker belegtes Pausenbrot beispielsweise in mundgerechte Dreiecke oder Tierform schneiden oder mit in Kreis-, Herz- oder Tierform ausgestochenen Käse-, Wurst- oder Gemüsescheiben verzieren.

Übrigens: Obst, Gemüse oder Käse lassen sich auch mit einem Spiralschneider oder Sparschäler in Form bringen. Und

lustige bunte Gemüse- oder Käsespaghetti kommen bei vielen Kids richtig gut an.

Obstkunstwerk

Obst und Gemüse zählen bei manchen Kindern nicht gerade zu den Snack-Favoriten. Das ändert sich schnell, wenn sie sich plötzlich in ganz neuem Gewand präsentieren: Karotten können Sie beispielsweise seitlich einritzen und mit zwei Ohren aus Karotten- oder Radieschenscheiben versehen. In Äpfel oder anderes festes Obst können Sie ein lustiges Smiley-Gesicht oder ein Herz schneiden oder mit einer Form ausstechen.

Aufgespießt

Farbenfrohe Spieße sind für viele Kinder ein echtes Lunchbox-Highlight und machen gesunde Lebensmittel zum Snack-Favoriten. Sie können verschiedenes Obst, Gemüse und Käsestücke genauso gut aufstecken wie zurechtgeschnittene Mini-Sandwiches.

Zum Aufspießen verwenden Sie einfach Holzspieße oder Zahnstocher (je nach Alter des Kindes wegen der Verletzungsgefahr), es gibt aber auch spezielle Kinder-Spieße oder Cake-Pop-Stiele. Für die Rezepte in diesem Buch sollten Sie immer ein paar Spieße zu Hause haben.

Einige »Figuren« werden mithilfe von Holzspießen oder Mandelstiften zusammengesteckt. Je nach Alter des Kindes sollten Sie entscheiden, ob Sie diese Spieße verwenden oder vielleicht doch lieber nur mit Frischkäse oder Aufstrich »aufkleben«. Außerdem sollten Sie darauf achten, die Spieße und Stecker nicht versteckt anzubringen und Ihr Kind darauf hinweisen, damit es sich nicht verletzen oder an den Mandelsplittern verschlucken kann.

Clever vorbereitet: Lunchbox-Prep für Kids

Obwohl viele Eltern wissen, wie eine gesunde Schulmahlzeit aussehen und woraus sie bestehen sollte, ist es im Alltag oft gar nicht so einfach, dieses Wissen in die Tat umzusetzen. Schließlich geht es am Morgen oft hektisch zu und am Abend haben Eltern häufig schon genug mit der Zubereitung des Abendessens für die ganze Familie zu tun – oder sind auch einfach mal zu müde.

Da kommt dann das Bestücken der Lunchbox oder Brotdose für den Nachwuchs leider manchmal zu kurz und scheitert entweder an der fehlenden Zeit am Morgen oder daran, dass die richtigen Zutaten einfach nicht im Haus sind.

Doch das muss nicht sein. Mit etwas Planung und Vorbereitung schaffen Sie es schnell und unkompliziert, abwechslungsreiche Lunchboxen, die auch Kindern schmecken, vorzubereiten und den Griff zum ungesunden Pausensnack zu vermeiden.

Wer Schulmahlzeiten im Voraus plant, spart nicht nur Zeit und Geld, sondern gibt seinen Kindern täglich eine ausgewogene, leckere Schulmahlzeit mit – und das ganz ohne Stress und Zeitdruck am Morgen. Alles, was Sie dazu beachten müssen, sind diese vier einfachen Schritte:

1. Clever planen

Jeden Tag mit einer neuen, leckeren und kindgerechten Lunchbox-Idee aufzuwarten ist gar nicht so einfach. Das gilt insbesondere dann, wenn Sie gleich mehrere Kinder versorgen müssen oder am Morgen Zeitdruck herrscht. Das ein oder andere Mal mag die Pausenbox-Improvisation dann zwar dennoch funktionieren, an anderen Tagen wird jedoch schnell auf ein paar Kekse oder einen Snack vom Bäcker zurückgegriffen.

Um das in Zukunft zu vermeiden und gleichzeitig Zeit und Geld zu sparen, gibt es eine einfache Lösung:

Planen Sie den Lunchbox-Inhalt für die kommende Woche im Voraus und erstellen Sie eine Einkaufsliste. Für Ihre Planung können Sie hier eine kostenlose Vorlage herunterladen:

https://happyfitfood.de/shop/

Wie bereits erwähnt, sollten Sie bei der Zusammenstellung des Pausenbox-Inhalts immer auf eine ausgewogene Mischung aus möglichst komplexen Kohlenhydraten, Proteinen, Obst, Gemüse und Milchprodukten achten. Selbstverständlich dürfen Zutaten, die Kids besonders gut schmecken, auch an mehreren Tagen in die Box kommen. Neben einer ausgewogenen Nährstoffzufuhr muss die Lunchbox schließlich in erster Linie eines leisten: Der Inhalt muss dem Kind gut schmecken!

Ideal für die Zusammenstellung einer individuellen, gesunden Pausenbox sind folgende Zutaten:

Proteinreiche Lebensmittel
- Hummus oder Kräuterquark als Dip für Gemüse
- Käsewürfel oder Käsesticks
- hart gekochte Eier
- Joghurt oder Quark (mit frischen Früchten)
- Trinkmilch (ungezuckert)
- Erdnuss- oder andere Nussbutter

Gemüse
- klein geschnittene Paprikaschote
- Gurkenscheiben
- Cherrytomaten
- Karottenstifte
- Kohlrabistifte

Obst
- Apfelstücke
- Weintrauben (ohne Kerne)
- Orangenscheiben
- Beeren
- Bananen
- Pfirsiche oder Nektarinen

Kohlenhydratreiche Lebensmittel
- Vollkornbrötchen
- Vollkorntortilla
- Vollkorncracker

2. Sinnvoll einkaufen

Steht erst einmal fest, was in die Lunchbox kommen soll, können Sie anhand der geplanten Mahlzeiten leicht eine Einkaufsliste erstellen. Wer auch die restlichen Familienmahlzeiten im Voraus plant und einzelne Gerichte aufeinander abstimmt, kann hierdurch sogar noch mehr Vorbereitungszeit und Geld sparen.

Angenehmer Nebeneffekt: Wenn nur noch das im Einkaufswagen landet, was wirklich gegessen wird, müssen weniger Lebensmittel weggeworfen werden. Auch auf die Dauer kostspielige Spontankäufe lassen sich so vermeiden.

3. Lunchboxen vorbereiten

Viele Lunchbox-Zutaten lassen sich gut vorbereiten bzw. schon vorab in wiederverwendbare, verschließbare Dosen verpacken. Wer zur Vorbereitung von Mittag- oder Abendessen für die ganze Familie auf Meal Prep setzt, kann die Lunchbox-Vorbereitung natürlich hiermit kombinieren. Doch auch dann, wenn es nur um Pausenboxen für Schule oder Kindergarten geht, sollten sich Eltern für die Aufbereitung der Zutaten einen festen Tag aussuchen, an dem etwas mehr Zeit zur Verfügung steht.

Bei vielen Familien besonders beliebt: der Meal-Prep-Sonntag. Ganz ohne Stress und Hektik können dann sogar kleinere Kinder dabei helfen, klein geschnittenes Obst und Gemüse, vorbereitete Dips oder selbst gemachten Fruchtjoghurt portionsgerecht in wiederverwendbare Gefäße abzufüllen.

Die vorbereiteten Lunchbox-Zutaten können Sie dann im Kühlschrank aufbewahren und am Morgen oder am Vorabend nur noch schnell einpacken – das dauert höchstens drei Minuten!

Übrigens: Auch selbst gemachte Leckereien wie Bananenbrot oder Energiebällchen dürfen in die Lunchbox! Klar, dass kaum jemand die Zeit dazu hat, diese am Morgen frisch zuzubereiten. Allerdings lassen sich auch diese Snacks gut am Meal-Prep-Tag vorbereiten und dann im Kühlschrank oder im Gefrierfach aufbewahren. Sollen tiefgekühlte Snacks dann zum Einsatz kommen, nehmen Sie die entsprechende Menge einfach am Vorabend aus dem Gefrierfach, lassen sie im Kühlschrank auftauen und packen sie am nächsten Morgen in die Pausenbox.

4. Einpacken und fertig!

Um Hektik und Stress am Morgen zu vermeiden, empfiehlt es sich, die bereits vorbereiteten und portionierten Lunchbox-Zutaten schon am Vorabend zusammenzustellen und zu verpacken. Selbstverständlich dürfen Kids da tatkräftig mithelfen – und das nicht zuletzt deshalb, weil eine selbst gepackte Pausenbox gleich viel besser schmeckt.

Übrigens: Auch Reste vom Mittag- oder Abendessen lassen sich meist gut in leckere Lunchbox-Zutaten für den nächsten Tag verwandeln. Besonders gut klappt das mit frischem Gemüse, Hähnchen, Nudel- oder Quinoasalat sowie anderen Gerichten, die kalt gut schmecken.

Die richtigen Pausenboxen finden – auf was sollte man achten?

Pausenboxen dienen zur geschützten Aufbewahrung von Essen für die Zeit im Kindergarten und in der Schule, damit es nicht von den Büchern und Heften zerdrückt wird und die Schultasche keine Flecken bekommt. Lunchboxen gibt es in unzähligen Ausführungen und Variationen, sodass es gar nicht so einfach ist, die am besten geeigneten zu wählen. Aus diesem Grund möchte ich Ihnen bei der Suche zur Seite stehen und Ihnen ein paar Tipps geben, auf was es beim Kauf einer Pausenbox für Kinder ankommt.

Die richtige Größe

Ist die Lunchbox für den Kindergarten? Dann eignet sich eine kleine Brotdose mit Trennwänden und einem süßen Motiv besonders gut. Für die Schule sollte die Box jedoch unbedingt größer sein, damit Essen für den ganzen Tag hineinpasst.

Das Material

Das Material der Pausenbox sollte unbedingt BPA-frei, leicht im Gewicht und frei von Schadstoffen sein. Die meisten Lunchboxen bestehen aus Kunststoff, es gibt jedoch auch Brotdosen aus Edelstahl. Wird das Essen z. B. im Kinderhort oder in der Kindertagesstätte aufgewärmt, müssen Sie darauf achten, dass die Lunchbox für die Mikrowelle geeignet ist.

Was wird transportiert?

Wenn es rein um die Aufbewahrung von Pausenbroten geht, spielen Unterteilungen keine allzu große Rolle. Möchten Sie jedoch Obst, Gerichte mit Saucen, Joghurt oder Dips transportieren, dann sollten Sie unbedingt eine Lunchbox wählen, die Unterteilungen aufweist und auslaufsicher ist. Kinder sind oftmals nämlich sehr empfindlich, wenn das eine Essen mit dem anderen in Berührung kommt und die Weintraube beispielsweise etwas von dem Brotaufstrich abbekommen hat.

Der Verschluss

Der Verschluss der Pausenbox ist gerade für jüngere Kinder besonders wichtig, denn sie sollten auf jeden Fall in der Lage sein, ihre Brotdose selbst zu öffnen und zu schließen. Deshalb sollten Sie für kleinere Kinder einen einfach zu bedienenden Verschluss wählen.

Reinigung

Lunchboxen müssen Sie fast jeden Tag reinigen; sie sollten deshalb möglichst für die Spülmaschine geeignet sein. Es kann nämlich zeitaufwendig und nervig werden, die Brotdose mit ihren Unterteilungen täglich händisch zu spülen und zu trocknen.

Kosten

Kleine Brotdosen bekommen Sie bereits für etwa 5 Euro im Einzelhandel. Im Durchschnitt liegen die Kosten, gerade für größere Pausenboxen mit Fächern, jedoch zwischen 15 und 40 Euro.

Eine Aufstellung der in diesem Buch verwendeten Lunchboxen finden Sie unter:

https://happyfitfood.de/shop/

Meal Prep für und mit Kindern – so geht's

Gemeinsame Rituale sind wichtig in einer Familie. Dazu kann auch gehören, miteinander die Inhalte der Lunchbox zu planen, diese an einem festgelegten Meal-Prep-Tag gemeinsam vorzubereiten oder die Pausenboxen zusammenzustellen. Das stärkt nicht nur die Eltern-Kind-Beziehung, sondern bringt Ihrem Kind auch den Umgang mit Nahrungsmitteln näher und sorgt für eine bessere Akzeptanz der mitgegebenen Snacks.

Haben Sie gemeinsam die Auswahl getroffen und die Vorbereitungen erledigt, können Sie jeweils am Vorabend die Lunchboxen zusammenstellen und haben sie am nächsten Morgen griffbereit. Damit Meal Prep für und mit Kindern auch wirklich klappt, sollte man Schritt für Schritt vorgehen:

Gemeinsam aussuchen

Wie wichtig es ist, dass Kinder Obst und Gemüse in ausreichender Menge zu sich nehmen, muss nicht eigens erwähnt werden. Doch leider ist es nicht immer so einfach, sie auch davon zu überzeugen. Sinnvoll ist es dabei sicher, immer wieder Versuche zu starten und nicht mit Zwang oder Druck zu arbeiten. Im Folgenden ein paar Ratschläge, wie Sie größere Kämpfe vermeiden.

Vorlieben und Abneigungen respektieren

Mit Obst ist es meist nicht so schwierig wie mit Gemüse. Vielleicht mögen die Kids nicht alle Obstsorten gleichermaßen, jedoch sind sicher ein paar dabei, die sie gerne essen. Das ist auch völlig in Ordnung so. Denn wir selbst bevorzugen ja meist auch bestimmte Obstsorten. Das Lieblingsobst sollte also unbedingt respektiert werden. Ab und zu können Sie versuchen, zwischendrin neue Sorten in die Box zu packen, aber vermeiden Sie jeden Druck, wenn das nicht klappt.

Manche Kinder bevorzugen ihr Gemüse roh, andere essen es nur gekocht. Einige möchten das Gemüse unter das Essen gemischt bekommen, andere wollen alles schön separat haben und manche möchten am besten überhaupt nichts vom Gemüse sehen, sodass alles in Muffins oder Suppen »versteckt« sein muss. Solange Ihr Kind überhaupt Gemüse isst, müssen Sie sich keine Sorgen machen. Auf die Vorlieben können Sie getrost Rücksicht nehmen. Es ist auch okay, wenn Ihr Kind nicht jedes Obst und Gemüse isst, das auf den Teller kommt. Freuen Sie sich einfach darüber, wenn es hin und wieder neue Geschmäcker für sich entdeckt.

Kompromisse schließen und mitentscheiden lassen

Kinder lieben es, mitentscheiden zu dürfen. Wenn sich Ihr Kind wieder einmal Pasta wünscht, können Sie z. B. mit einer neuen Gemüsesauce einen Kompromiss eingehen. Die Sauce pürieren Sie am besten, sodass die kleinen Nörgler auch ja keine Spur vom Gemüse finden können.

Die Kinder hätten gerne Pizza? Wie wäre es dann mit einer selbst gemachten Gemüsepizza? Ihre Kids lieben Pfannkuchen? Dann probieren Sie doch mal Gemüsepfannkuchen aus.

Gemeinsam einkaufen

Ein weiterer Tipp ist es, Kinder auch zum Einkaufen mitzunehmen. Im Lebensmittelgeschäft können sie immer wieder neue Dinge entdecken und möchten manches dann auch ausprobieren. Je mehr Sie die Kids mitentscheiden und mitgestalten lassen, desto eher wird das mitgegebene Essen auch verzehrt.

Gemeinsam vorbereiten

Natürlich hängt es stark vom Alter der Kinder ab, wie sehr sie beim Vorbereiten und Zusammenstellen der Lunchboxen eingebunden werden können und welche Aufgaben sie übernehmen können. Im Folgenden finden Sie einige Vorschläge für gemeinsames Arbeiten:

- Brot selbst belegen lassen
- Obst und Gemüse klein schneiden oder ausstechen
- Spieße zusammenstecken, z. B. Brot, Käse, Gemüse oder Obstspieße
- Joghurt mit frischem Obst zubereiten
- Dips anrühren, wie z. B. Joghurt-Dips oder Hummus
- Haferkekse, Muffins oder Waffeln backen etc.
- Smoothies zubereiten, in Eiswürfelbehälter füllen und einfrieren

Gemeinsam packen

Die vorbereiteten Speisen können gemeinsam in die Fächer der Pausenbox, in kleine Zusatzbehältnisse oder bunte Silikonförmchen innerhalb der Box verpackt werden. Im Kühlschrank können Sie dann griffbereit auf ihren Einsatz warten. Für einige Lebensmittel ist es besser, wenn man sie am Morgen kurz vor dem Start in den Kindergarten oder die Schule zuschneidet und in die Lunchbox füllt, z. B. Apfelschnitze, die man zusätzlich mit etwas Zitronensaft beträufeln sollte, um Verfärbungen zu vermeiden.

Auch Fruchtsmoothies sollte man möglichst am gleichen Tag zubereiten und verzehren. Dazu einfach schnell morgens pürieren und z. B. in einen wiederverwendbaren Quetschbeutel füllen. Für Wasser mit Fruchtgeschmack gibt man 1–2 Smoothie-Eiswürfel in die mit Wasser gefüllte Flasche. Vor dem Trinken sollte die Flasche gut durchgeschüttelt werden und schon schmeckt das Wasser nicht mehr so »langweilig«.

Eine schöne Idee sind auch »tätowierte Bananen«. Dazu einfach mit einem Zahnstocher Bilder in die Bananenschale stechen. Nach etwa 20 Minuten werden die Einstichstellen braun und die Banane ist schön verziert.

Bleiben Sie entspannt – Geduld statt Zwang

Kinder treiben Eltern oftmals zur Verzweiflung, wenn es um das Essen geht. Meines Erachtens hilft es nichts, sich aufzuregen oder die Kinder gar zum Essen zu zwingen.

Es kommt auch vor, dass die Sprösslinge Gerichte, die sie wochenlang geliebt haben, auf einmal ablehnen, das ist ebenfalls völlig normal. Bieten Sie Ihren Lieblingen einfach immer wieder gesunde und ausgewogene Gerichte an und lassen Sie sie mitentscheiden. Bleiben Sie dabei entspannt und akzeptieren Sie es, wenn Ihr Kind ab und zu mal etwas nicht mag.

Nun wünsche ich Ihnen viel Spaß beim Durchblättern der nachfolgenden Lunchbox-Ideen. Suchen Sie sich mit Ihrem Kind etwas Schönes aus und gestalten Sie die Pausenbox dann gemeinsam – oder überraschen Sie Ihr Kind mit den tollen Ideen!

Pausenbox-Ideen

PAUSENBOX-IDEE 1:
Frühstücksmuffins, Joghurt, Beeren und Cashewkerne

DAS IST DRIN:

2 Frühstücksmuffins
(Rezept siehe S. 29)
einige Himbeeren
einige Heidelbeeren
1 kleiner Becher Naturjoghurt (125 g)
einige Cashewkerne

SO WIRD'S GEMACHT:

1. Frühstücksmuffins zubereiten.
2. Beeren waschen, verlesen und mit Küchenpapier abtrocknen.
3. 2 Frühstücksmuffins, Beeren, Joghurt und Cashewkerne schön bunt in der Pausenbox anordnen.

FRÜHSTÜCKSMUFFINS

Zutaten für 3 Stück:

½ reife Banane
70 ml Milch oder Mandeldrink
½ TL Essig
½ EL Agavendicksaft oder Süßungsmittel nach Belieben
20 g Mehl (z. B. Dinkelvollkornmehl)
1 TL Backpulver
60 g feine Haferflocken

1. Backofen auf 175 °C Umluft vorheizen.
2. Banane schälen, in einer Schüssel mit einer Gabel zerdrücken und mit den flüssigen Zutaten vermengen.
3. Anschließend die trockenen Zutaten untermischen und Teig 15 Minuten ruhen lassen.
4. Teig in 3 Muffinförmchen aus Silikon verteilen.
5. Muffins im Ofen ca. 15 Minuten backen.

TIPP: Die Muffins können Sie in größerer Menge zubereiten und im Kühlschrank 3–4 Tage lang aufbewahren.

PAUSENBOX-IDEE 2:
Belegtes Vollkornbrot, Gurkensticks, Snacktomaten, Käseröllchen und Weintrauben

DAS IST DRIN:

2 Scheiben Vollkornbrot
2 Scheiben gekochter Schinken oder Belag nach Wahl (z. B. Putenwurst, Streichwurst)
1 Stück Salatgurke
1 Handvoll Snacktomaten
einige Weintrauben
2 Scheiben Käse(z. B. Maasdamer)

SO WIRD'S GEMACHT:

1. 1 Brotscheibe mit Schinken oder Belag nach Wahl belegen und die andere Brotscheibe daraufsetzen.
2. Gemüse und Weintrauben waschen und abtrocknen.
3. Käsescheiben in Streifen schneiden und um Weintrauben wickeln.
4. Gurke zu Sticks schneiden.
5. Alle Zutaten in die einzelnen Fächer der Box füllen.

PAUSENBOX-IDEE 3:
Brot-Käse-Gurken-Spieß, Essiggurken, Energiebällchen, Gemüsewürfel und Obst

DAS IST DRIN:

1 Energiebällchen (Rezept siehe S. 33)
2 Scheiben Vollkornbrot
1 EL Frischkäse oder Aufstrich nach Wahl (z. B. Butter)
2 dicke Scheiben Gouda
1 Stück Salatgurke
1 Stück Karotte
einige Himbeeren
einige Erdbeeren
1 Stück Banane
2 kleine Essiggurken (z. B. Cornichons)

SO WIRD'S GEMACHT:

1. Energiebällchen zubereiten.
2. 1 Brotscheibe mit Frischkäse bestreichen, mit Gouda belegen und die zweite Brotscheibe daraufsetzen.
3. Salatgurke waschen, abtrocknen, ein paar Scheiben für den Spieß abschneiden und den Rest klein würfeln.
4. Belegtes Brot vierteln und abwechselnd mit den Gurkenstücken auf einen Spieß stecken.
5. Karotte und Beeren waschen und mit Küchenpapier abtrocknen.
6. Karotte schälen und in kleine Stücke schneiden.
7. Bananenschale evtl. etwas einschneiden, damit man sie später leichter abschälen kann.
8. Alle Zutaten schön bunt in der Brotdose anordnen.

ENERGIEBÄLLCHEN

Zutaten für 10 Stück:

100 g Datteln (entsteint)
70 g Cashewkerne
25 g Cashewmus
10 g Kakaopulver
15 g Agavendicksaft oder Honig
20 ml Milch oder Pflanzendrink
50 g Haferflocken

1. Alle Zutaten in einem Mixer zerkleinern, bis eine formbare Masse entsteht.
2. Mit den Händen aus der Masse 10 Kugeln formen und diese gut verpackt kühl stellen.

TIPP: Die Kugeln können Sie im Kühlschrank 5–7 Tage lang aufbewahren. Anstatt Cashewkerne und Cashewmus können Sie auch Mandeln und Mandelmus verwenden.

PAUSENBOX-IDEE 4:
Eiaufstrich-Sandwich, Radieschensterne, Käse-Besen, Erdbeeren und Nuss-Kerne-Mix

DAS IST DRIN:

einige Radieschen
1 Eiaufstrich-Sandwich (Rezept siehe S. 35)
2 Käse-Besen (Rezept siehe S. 35)
einige Erdbeeren
1 EL Nuss-Kerne-Mix

SO WIRD'S GEMACHT:

1. Radieschen waschen, putzen, abtrocknen und in Scheiben schneiden. Einige Scheiben für das Eiaufstrich-Sandwich beiseitelegen. Aus den restlichen Scheiben mit einer kleinen Sternform Sterne ausstechen. Ausgestochene Scheiben und Sterne für die Lunchbox verwenden.
2. Eiaufstrich-Sandwich und Käse-Besen zubereiten.
3. Erdbeeren waschen, abtrocknen und entstielen.
4. Alle Zutaten schön bunt in die Fächer der Pausenbox verteilen.

EIAUFSTRICH-SANDWICH

Zutaten für 1 Sandwich:

1 EL Frischkäse
1 EL Magerquark
1 EL Naturjoghurt
2–3 Schnittlauchhalme
1 hart gekochtes Ei
¼ TL Senf
¼ TL Zwiebelgranulat
Salz, Pfeffer
2 Scheiben Brot (z. B. Dinkelbrot)
ein paar Radieschenscheiben

1. Frischkäse, Magerquark und Naturjoghurt in einer kleinen Schüssel glatt rühren.
2. Schnittlauch waschen, trocken schütteln, in kleine Röllchen schneiden und mit der Quarkmasse vermischen.
3. Das hart gekochte Ei schälen und klein würfeln, dann zusammen mit Senf und Zwiebelgranulat in die Schüssel geben und alles gut verrühren. Mit Salz und Pfeffer abschmecken.
4. 1 Brotscheibe mit dem Eiaufstrich bestreichen, mit ein paar Radieschenscheiben (Reste von den Radieschensternen verwenden oder Radieschen waschen, putzen und in Scheiben schneiden) belegen und die zweite Brotscheibe als Deckel aufsetzen. Dann Brot halbieren.

KÄSE-BESEN

Zutaten für 2 Stück:

½ Käsescheibe (z. B. Gouda)
2 Salzstangen
2 Schnittlauchhalme

1. Käsescheibe halbieren, sodass 2 ca. 4 cm breite Streifen entstehen. Jeweils auf der langen Seite mehrmals nebeneinander bis etwas über die Hälfte einschneiden, jedoch nicht ganz durchschneiden!
2. Die Streifen jeweils so um eine Salzstange wickeln, dass die eingeschnittenen Streifen am unteren Ende sind. Die nicht eingeschnittenen Seiten mit den Schnittlauchhalmen an den Salzstangen festbinden.

PAUSENBOX-IDEE 5:
Karottensticks mit Hummus, Knäcke-Ecken und Apfelstücke

DAS IST DRIN:

1 Portion Hummus (Rezept siehe S. 37)
1 Karotte
½ Apfel
Vollkorn-Knäcke-Ecken

SO WIRD'S GEMACHT:

1. Hummus zubereiten und 1 Portion davon in einen kleinen Behälter oder ein eigenes Fach in der Lunchbox füllen.
2. Karotte putzen, waschen oder schälen und in Stifte schneiden.
3. Den Apfel waschen, abtrocknen, entkernen und in dünne Scheiben schneiden (z. B. mit einem Gemüsehobel). Die Apfelscheiben etwas versetzt einschichten (siehe Bild). Sie können die Scheiben auch mischen, also etwa Scheiben eines grünen Apfels abwechselnd mit Scheiben eines roten Apfels einlegen. Das ergibt einen schönen farblichen Kontrast.
4. Alle Zutaten in die Brotdose einfüllen.

HUMMUS

Zutaten für 2–3 Portionen:

1 Dose Kichererbsen (ca. 265 g Abtropfgewicht)
1 kleine Zitrone
½ Knoblauchzehe
2 EL Tahin (Sesammus)
1 ½ TL gemahlener Kreuzkümmel
3 EL Öl (z. B. Olivenöl)
3 EL Wasser
Salz

1. Kichererbsen in einem Sieb abtropfen lassen und mit kaltem Wasser gut durchspülen.
2. Zitrone auspressen.
3. Knoblauchzehe abziehen und fein hacken.
4. Kichererbsen zusammen mit Zitronensaft, Knoblauch, Tahin, Kreuzkümmel, Olivenöl und Wasser in einem Mixer pürieren, bis ein cremiges Mus entsteht. Nach Bedarf noch etwas mehr Wasser hinzufügen, bis die gewünschte Sämigkeit erreicht ist.
5. Hummus mit Salz abschmecken.

TIPP: Hummus können Sie im Kühlschrank 2–3 Tage lang aufbewahren.

PAUSENBOX-IDEE 6:

Pizzadillas, Karotten-Gurken-Türme mit Apfel- und Erdbeerscheiben

DAS IST DRIN:

1 Portion Pizzadillas
(Rezept siehe S. 39)
1 Karotte
1 Stück Snack-Salatgurke
½ Apfel
2–3 Erdbeeren

SO WIRD'S GEMACHT:

1. Pizzadillas zubereiten.
2. Gemüse und Obst waschen, putzen und abtrocknen.
3. Karotte evtl. schälen und wie die Gurke in Scheiben schneiden. Beides abwechselnd auf Zahnstocher aufspießen.
4. Apfel entkernen, dann in Scheiben schneiden.
5. Strunk der Erdbeeren entfernen und Erdbeeren ebenfalls in Scheiben schneiden. Apfel- und Erdbeerscheiben abwechselnd aneinander schichten.

PIZZADILLAS

Zutaten für 1 Portion:

- 1/8 rote Zwiebel
- 50 g Zucchini
- 50 g Mais aus der Dose
- 50 g Tomate
- 1 ½ EL geriebener Mozzarella
- 2 Scheiben Hähnchenbrust
- ½ TL getrocknetes Basilikum
- Salz, Pfeffer
- 1 Vollkorn-Tortilla-Wrap

1. Zwiebel abziehen und fein hacken.
2. Zucchini putzen, waschen, abtrocknen und klein würfeln.
3. Mais abtropfen lassen.
4. Tomate waschen, Stielansatz entfernen und Fruchtfleisch klein schneiden.
5. Zwiebeln, Zucchini, Mais, Mozzarella, grob zerstückelte Hähnchenbrust und Tomatenfruchtfleisch in einer Schüssel mischen. Mit Basilikum und Salz und Pfeffer abschmecken.
6. Die bunte Mischung gleichmäßig auf dem Tortilla-Wrap verteilen, dabei den Rand frei lassen.
7. Tortilla-Wrap hälftig zusammenlegen, im Panini-Grill rösten, die Enden abschneiden und Pizzadilla einmal quer teilen.

TIPP: Falls kein Panini-Grill vorhanden ist, können Sie den Tortilla-Wrap auch einfach mit der bunten Mischung befüllen, dann unten etwa ¼ einschlagen, den Wrap von der Seite aufrollen und die Rolle in die Pausenbox geben.

PAUSENBOX-IDEE 7:
Herzige Tomaten-Mozzarella-Spieße, Käsepfeil-Spieße, Snacktomaten, Chia-Pudding und Weintrauben

DAS IST DRIN:

1 Portion Chia-Pudding (Quellzeit beachten!) (Rezept siehe S. 41)
einige Snacktomaten
3 Blätter Basilikum
1 Handvoll Weintrauben
3 Mini-Mozzarellakugeln
1–2 dicke Käsescheiben (z. B. Gouda)

SO WIRD'S GEMACHT:

1. Chia-Pudding am besten am Vorabend zubereiten.
2. Tomaten, Basilikum und Weintrauben waschen und abtrocknen.
3. 1 Snacktomate in der Mitte schräg durchschneiden (ca. 45°-Winkel). Eine Hälfte der Tomate umdrehen und mit der anderen Hälfte an der Schnittfläche zusammensetzen, sodass ein Tomatenherz entsteht.
4. 6 Tomatenherzen erstellen und diese abwechselnd mit den Mozzarellakugeln auf 3 Spieße stecken. Zum Schluss jeweils mit 1 Basilikumblatt garnieren.
5. Gouda in Pfeilform ausstechen oder zuschneiden und mit einigen Weintrauben auf kleine Spieße schieben.
6. Alle Zutaten schön bunt in die Fächer der Lunchbox verteilen.

CHIA-PUDDING

Zutaten für 1 Portion:

15 g Chiasamen
75 ml Milch oder Pflanzendrink (z. B. Mandeldrink)
1 TL Agavendicksaft oder Süßungsmittel nach Wahl
1 Prise gemahlene Vanille

1. Alle Zutaten in einer Schüssel verrühren. Nach ca. 15 Minuten noch einmal gut umrühren, damit die Chiasamen sich nicht auf dem Boden absetzen.
2. Anschließend Pudding mindestens 2 Stunden oder besser über Nacht quellen lassen.

PAUSENBOX-IDEE 8:
Avocado-Thunfisch-Sandwich und Apfelmonster

DAS IST DRIN:

2 Apfelmonster (Rezept siehe S. 43)
1 Avocado-Thunfisch-Sandwich
Apfel-Erdbeer-Mix

SO WIRD'S GEMACHT:

1. Apfelmonster zubereiten und mit den Resten von Erdbeere und Apfel in der Box verteilen.
2. Avocado-Thunfisch-Sandwich zubereiten und in die Box legen.

AVOCADO-THUNFISCH-SANDWICH

Zutaten für 1 Sandwich:

½ Avocado
Salz, Pfeffer
etwas Zitronensaft
2 Scheiben Vollkorntoast oder -brot
65 g Thunfisch im eigenen Saft aus der Dose
¼ Bund frischer Dill

1. Avocado halbieren, entkernen und das Fruchtfleisch mit einem Löffel aus der Schale heben. In einer Schüssel mit einer Gabel zerdrücken und mit Salz, Pfeffer und einigen Spritzern Zitronensaft würzen.
2. 1 Scheibe Toast mit der Hälfte des Avocadoaufstrichs bestreichen.
3. Thunfisch abtropfen lassen, mit der Gabel in Stücke zupfen, dann auf dem bestrichenen Toastbrot verteilen.
4. Restliche Avocadomasse aufstreichen und mit der zweiten Toastscheibe belegen. Sandwich halbieren.
5. Dill waschen, trocken schütteln und fein hacken, das Avocado-Thunfisch-Sandwich damit bestreuen.

APFELMONSTER

Zutaten für 2 Stück:

½ Apfel (z. B. Granny Smith)
etwas Zitronensaft
3 essbare Zuckeraugen
1–2 TL Erdnussmus oder Honig
1 Erdbeere
ein paar Sonnenblumenkerne

1. Apfel waschen, abtrocknen, entkernen und in 2 Viertel schneiden.
2. Auf der Schalenseite der Apfelviertel eine Kerbe einschneiden. Das so gewonnene Fruchtfleisch beiseitelegen. Alle Schnittflächen mit einigen Spritzern Zitronensaft beträufeln, um Verfärbungen zu vermeiden.
3. Zuckeraugen mithilfe von Erdnussmus jeweils auf den oberen Teil des Apfels aufkleben.
4. Erdbeere waschen, abtrocknen, Strunk entfernen und Beere in Scheiben schneiden.
5. Etwas Erdnussmus auf die unteren Innenseiten der Kerben in den Apfelvierteln auftragen. Für die Monsterzunge jeweils eine Erdbeerscheibe darauf anbringen.
6. Als Zähne Sonnenblumenkerne in die oberen Innenseiten der Kerben stecken.
7. Verbliebene Erdbeer- und Apfelstücke klein schneiden und in der Brotdose anrichten.

PAUSENBOX-IDEE 9:
Quinoa-Salat, Paprikastreifen und Weintrauben

DAS IST DRIN:

1 Portion Quinoa-Salat (Rezept siehe S. 45)
1 rote Paprikaschote
einige dunkle Weintrauben

SO WIRD'S GEMACHT:

1. Quinoa-Salat zubereiten.
2. Paprikaschote und Weintrauben waschen und abtrocknen.
3. Paprikaschote entkernen und in Streifen schneiden.
4. Quinoa-Salat, Paprikastreifen und Weintrauben in die Fächer der Pausenbox verteilen.

QUINOA-SALAT

Zutaten für 2 Portionen:

- 200 g Quinoa
- 500 ml Wasser
- Salz
- 1 Dose Kidneybohnen (250 g Abtropfgewicht)
- 1 kleines Bund Koriander oder Petersilie
- 120 g Mais aus der Dose
- 2 EL Öl (z. B. Olivenöl)
- 3 EL Zitronensaft
- Pfeffer
- 1 Avocado

1. Quinoa in ein Sieb geben, mit heißem Wasser spülen und abtropfen lassen. Dann in einem Topf mit dem Wasser und ¼ TL Salz zum Kochen bringen. Hitze reduzieren und Quinoa etwa 15 Minuten lang köcheln lassen, bis die Flüssigkeit aufgesogen ist. Körnchen mit einer Gabel auflockern und in eine Schüssel füllen.
2. Kidneybohnen in ein Sieb abgießen, mit Wasser durchspülen und abtropfen lassen.
3. Koriander waschen, trocken schütteln und grob hacken.
4. Mais abtropfen lassen und mit Kidneybohnen und Koriander unter die Quinoa mischen.
5. Öl und Zitronensaft über den Salat gießen, alles gut vermengen und mit Salz und Pfeffer abschmecken.
6. Avocado halbieren, entkernen, das Fruchtfleisch mit einem Löffel aus der Schale heben und würfeln. Unter den Salat heben.

TIPP: Mit der Avocado sollte der Salat am besten am Tag der Zubereitung verzehrt werden. Ansonsten die Avocado weglassen, dann hält sich der Quinoa-Salat auch 2–3 Tage lang im Kühlschrank.

PAUSENBOX-IDEE 10:
Waffelhappen, Mango-Igel, Beerenspieße und Pekannüsse

DAS IST DRIN:

1 Portion Waffelhappen (Rezept siehe S. 47)
1 Mango-Igel (Rezept siehe S. 47)
einige Himbeeren
einige Heidelbeeren
1 EL Pekannusskerne

SO WIRD'S GEMACHT:

1. Waffelhappen und Mango-Igel zubereiten.
2. Beeren waschen, abtrocknen und auf kleine Spieße stecken.
3. Alle Zutaten schön bunt in der Lunchbox verteilen.

WAFFELHAPPEN

Zutaten für 1 Portion:

½ reife Banane
45 ml Milch oder Pflanzendrink
1 EL Öl (z. B. Sonnenblumenöl)
50 g Mehl (z. B. Dinkelmehl)
½ TL Essig
½ TL Backpulver
Öl für das Waffeleisen

1. Banane schälen, klein schneiden und mit Milch und Öl in eine Schüssel geben. Mit dem Stabmixer pürieren.
2. Mehl unterrühren.
3. Essig und Backpulver in einem separaten Gefäß vermischen und kurz aufschäumen lassen, anschließend unter den Teig mischen.
4. Teig 15 Minuten ruhen lassen. In einem gefetteten Waffeleisen kleine goldbraune Waffeln ausbacken oder 1 große Waffel backen und dann in Stücke schneiden.

MANGO-IGEL

Zutaten für 1 Portion:

½ Mango

1. Mangofruchtfleisch möglichst nahe am Kern abschneiden.
2. In das Fruchtfleisch ein Gitter einschneiden und die Mangoschale so umklappen, dass sich das Fruchtfleisch aufstellt und an einen Igel erinnert.

PAUSENBOX-IDEE 11:
Käse-Toast mit Herz, Karottensticks und Feigenblume

DAS IST DRIN:

1 Salatblatt (z. B. Kopfsalat)
1 Stück Salatgurke
1 Karotte
2 Scheiben Dinkelvollkorntoast oder -vollkornbrot
½ TL Butter
1 Scheibe Käse (z. B. Emmentaler)
1 Feige

SO WIRD'S GEMACHT:

1. Salatblatt, Gurke und Karotte waschen und abtrocknen. Gurke in dünne Scheiben schneiden.
2. 1 Toastscheibe mit Butter bestreichen und mit Salat, Käse und Gurkenscheiben belegen.
3. Aus der anderen Toastscheibe mit einer kleinen Herzform ein Herz ausstechen. Die Toastscheibe auf den belegten Toast legen und dann das Sandwich quer halbieren.
4. Karotte putzen und in Stifte schneiden.
5. Feige waschen, vierteln, aber nicht ganz durchschneiden und wie eine Blume aufklappen.
6. Alle Zutaten in die einzelnen Fächer der Brotdose einordnen.

PAUSENBOX-IDEE 12:
Hähnchen-Karottenchips-Mix mit Sauerrahm-Dip und Heidelbeeren

DAS IST DRIN:

1 Portion Hähnchen-Karottenchips-Mix (Rezept siehe S. 51)

1 Portion Sauerrahm-Dip (Rezept siehe S. 51)

eine Handvoll Heidelbeeren

SO WIRD'S GEMACHT:

1. Hähnchen-Karottenchips-Mix und Sauerrahm-Dip zubereiten.
2. Heidelbeeren waschen und abtrocknen.
3. Alle Zutaten in die einzelnen Fächer der Brotdose verteilen.

HÄHNCHEN-KAROTTENCHIPS-MIX

Zutaten für 2 Portionen:

4 mittelgroße Karotten
3 EL Öl (z. B. Olivenöl)
1 ½ TL getrockneter Rosmarin
Pfeffer, Salz
etwas Zitronensaft
160 g Hähnchenbrustfilet

1. Backofen auf 220 °C Ober-/Unterhitze vorheizen.
2. Karotten waschen, putzen, abtrocknen und schälen. Nach Belieben hobeln oder mit einem Schäler in dünne Streifen schneiden.
3. Zusammen mit 2 EL Öl, 1 TL Rosmarin und Pfeffer in einer Schüssel vermischen, nach Möglichkeit ca. 10 Minuten durchziehen lassen.
4. Die Karottenstücke auf einem mit Backpapier ausgelegten Backblech verteilen und im Ofen in 20–25 Minuten knusprig backen. Erst nach Ende der Backzeit salzen.
5. Währenddessen die Marinade für das Hähnchen zubereiten. Dazu das restliche Öl, einige Spritzer Zitronensaft, den restlichen Rosmarin, Salz und Pfeffer in einer Schüssel verrühren. Hähnchenbrust waschen, mit Küchenpapier trocken tupfen und in mundgerechte Stücke schneiden. Mit der Marinade vermischen und nach Möglichkeit 10 Minuten durchziehen lassen.
6. Eine Pfanne erhitzen und die marinierten Hähnchenstücke darin unter ständigem Wenden scharf anbraten. Den Herd ausstellen und die Karottenchips untermengen. Nochmals mit den Gewürzen abschmecken.

SAUERRAHM-DIP

Zutaten für 1 Portion:

30 g Crème fraîche mit Kräutern
50 g Sauerrahm
1 EL Wasser
1 TL getrockneter Schnittlauch
Salz, Pfeffer

1. Crème fraîche, Sauerrahm und Wasser in einer Schüssel verrühren.
2. Schnittlauch untermischen und Dip mit Salz und Pfeffer abschmecken.

PAUSENBOX-IDEE 13:
Gurken-Wrap-Röllchen-Spieße, Gemüsesticks, Bananenkekse und Apfel

DAS IST DRIN:

2 Gurken-Wrap-Röllchen-Spieße (Rezept siehe S. 53)
2 Bananenkekse (Rezept siehe S. 53)
1 Karotte
1 Stück Salatgurke
½ Apfel

SO WIRD'S GEMACHT:

1. Gurken-Wrap-Röllchen-Spieße und Bananenkekse zubereiten.
2. Gemüse und Apfel waschen und abtrocknen.
3. Karotte putzen, evtl. schälen und in Stifte schneiden, Gurke in Stücke schneiden und Apfel entkernen.
4. Alle Zutaten schön bunt in der Lunchbox anordnen.

GURKEN-WRAP-RÖLLCHEN-SPIESSE

Zutaten für 2 Spieße:

- 1 Stück Salatgurke
- 1 Handvoll frischer Blattspinat oder Salat
- 1 Vollkorn-Tortilla-Wrap
- 1 EL Frischkäse
- Salz, Pfeffer nach Belieben
- 1 Scheibe Käse

1. Gurke und Blattspinat waschen und abtrocknen. Gurke in Scheiben schneiden.
2. Wrap mit Frischkäse bestreichen, evtl. etwas würzen und anschließend mit Gurkenscheiben, Käse und Spinatblättern belegen.
3. Den Wrap eng aufrollen und in ca. 6 Stücke schneiden. Die kleinen Röllchen dann auf 2 Spieße stecken.

BANANENKEKSE

Zutaten für 10 Stück:

- 140 g Apfel-Bananen-Mark (alternativ: 1 große reife Banane, geschält, zerdrückt)
- 40 g Erdnussmus oder Mandelmus
- 100 g gemahlene Haferflocken
- 2 EL flüssiges Kokosöl oder Sonnenblumenöl
- 10 g Agavendicksaft oder Honig

1. Backofen auf 180 °C Umluft vorheizen.
2. Alle Zutaten in einer Schüssel zu einem klebrigen Teig vermengen.
3. Mit angefeuchteten Händen 10 ungefähr 5 cm große Kekse formen und diese auf ein mit Backpapier belegtes Backblech setzen.
4. Kekse 15–20 Minuten im Ofen backen, bis sich die Oberfläche goldbraun gefärbt hat.

PAUSENBOX-IDEE 14:
Würstchen-Schnecken, Pumpernickel- und Gurkenburger mit bunten Beeren

DAS IST DRIN:

2 Würstchen-Schnecken
(Rezept siehe S. 55)
4 runde Scheiben Pumpernickel
1 EL Frischkäse
1 Stück Salatgurke
1 Minikäse (z. B. Babybel)
einige Himbeeren
einige Heidelbeeren

SO WIRD'S GEMACHT:

1. Würstchen-Schnecken zubereiten.
2. 2 Scheiben Pumpernickel dick mit Frischkäse bestreichen und die restlichen Pumpernickelscheiben aufsetzen.
3. Gurke waschen, abtrocknen und in 4 dicke Scheiben schneiden.
4. Minikäse quer halbieren und jede Hälfte als Belag zwischen 2 Gurkenscheiben geben, evtl. etwas Frischkäse beidseitig auf den Minikäse streichen, damit das Ganze besser hält.
5. Himbeeren und Heidelbeeren waschen und abtrocknen.
6. Alle Zutaten in die einzelnen Fächer der Pausendose verteilen.

WÜRSTCHEN-SCHNECKEN

Zutaten für 2 Stück:

2 kleine Rostbratwürste
Öl für die Pfanne
Mandelsplitter
1 Stück Salatgurke

1. Rostbratwürste in einer Pfanne mit etwas Öl herausbraten (ideal auch als Resteverwertung für Würstchen vom Vortag).
2. Jeweils 2 Mandelsplitter als Fühler der Schnecke in ein Wurstende stecken.
3. Gurke waschen, abtrocknen und in 2 dicke Scheiben schneiden. Jeweils 1 Mandelsplitter erst in die Gurkenscheibe und dann auf ein Würstchen stecken – zur Fixierung des »Schneckenhauses«.

PAUSENBOX-IDEE 15:
Roggenbrot mit Avocado-Ei-Aufstrich, Erdbeerjoghurt, gehackte Nüsse und Soja-Crispies

DAS IST DRIN:

1 Portion Avocado-Ei-Aufstrich (Rezept siehe S. 57)
1 Portion Erdbeerjoghurt (Rezept siehe S. 57)
3 kleine Scheiben Roggenbrot
1 TL gemischte Nüsse
1 EL Soja-Crispies

SO WIRD'S GEMACHT:

1. Avocado-Ei-Aufstrich und Erdbeerjoghurt zubereiten.
2. Roggenbrotscheiben jeweils halbieren. Immer eine Hälfte mit Avocado-Ei-Aufstrich bestreichen und die andere Brothälfte auflegen und andrücken.
3. Nüsse evtl. klein hacken.
4. Alle Zutaten in die Fächer der Lunchbox einfüllen.

AVOCADO-EI-AUFSTRICH

Zutaten für 1 Portion:

15 g Frischkäse
15 g Magerquark
15 g Naturjoghurt
3 Schnittlauchhalme
1 hart gekochtes Ei
30 g Avocado-Fruchtfleisch
etwas Zitronensaft
¼ TL Senf
¼ TL Zwiebelgranulat
Salz, Pfeffer

1. Frischkäse, Magerquark und Naturjoghurt in einer Schüssel glatt rühren.
2. Schnittlauchhalme waschen, trocken schütteln und hacken.
3. Ei schälen und in kleine Würfel schneiden.
4. Avocado-Fruchtfleisch mit einer Gabel zerdrücken und mit einigen Spritzern Zitronensaft beträufeln, um Verfärbungen zu vermeiden.
5. Alle Zutaten in der Schüssel gut vermischen und mit Salz und Pfeffer abschmecken.

ERDBEERJOGHURT

Zutaten für 1 Portion:

45 g frische Erdbeeren
100 g Naturjoghurt
½ TL Honig nach Belieben

1. Erdbeeren waschen, abtrocknen und entstielen.
2. Zusammen mit den restlichen Zutaten in eine Schüssel geben und mit dem Stabmixer pürieren.

PAUSENBOX-IDEE 16:
Knäckebrot, Joghurt-Dip, Karottennudeln und Tomaten

DAS IST DRIN:

1 Portion Joghurt-Dip (Rezept siehe S. 59)
2 Scheiben Knäckebrot
1 Karotte
einige Snacktomaten

SO WIRD'S GEMACHT:

1. Joghurt-Dip zubereiten.
2. Knäckebrote halbieren.
3. Karotte und Snacktomaten waschen und abtrocknen.
4. Karotte putzen, evtl. schälen, dann mit einem Spiralschäler in Nudelform schneiden.
5. Snacktomaten halbieren.
6. Alles schön bunt in die Pausenbox einfüllen.

JOGHURT-DIP

Zutaten für 1 Portion:

25 g Naturjoghurt
30 g Sauerrahm oder Schmand
Salz, Pfeffer
¼ TL getrocknetes Basilikum

1. Naturjoghurt in einer Schüssel mit Sauerrahm vermischen.
2. Mit Salz und Pfeffer sowie Basilikum würzen und abschmecken.

TIPP: Sie können auch mal andere Gemüsenudeln ausprobieren, z. B. aus Zucchini oder Rettich. Hübsch ist auch, sie farblich zu mischen.

PAUSENBOX-IDEE 17:

Krokodilbrötchen, Karotten-Radieschen-Sterne und Mandarinenblume

DAS IST DRIN:

2 Krokodilbrötchen
1 Mandarine
1 Stück Karotte
1–2 Radieschen

SO WIRD'S GEMACHT:

1. Krokodilbrötchen zusammenstellen.
2. Mandarine schälen, die einzelnen Fruchtschnitze in einer Muffinform fächerartig anordnen.
3. Karotte und Radieschen putzen, waschen und abtrocknen, Karotte evtl. schälen. Beides in Scheiben schneiden. Aus den Scheiben mit Sternausstecher Sterne ausstechen und diese jeweils in die Scheiben des anderen Gemüses stecken, sodass bunte Karotten-Radieschen-Sterne entstehen.
4. Alle Zutaten in die einzelnen Fächer der Brotbox geben.

KROKODILBRÖTCHEN

Zutaten für 2 Stück:

1 Stück Salatgurke
4 kleine dunkle Weintrauben
1 Körnerstange
20 g Frischkäse
1 Scheibe Käse (z. B. Tilsiter)
2 Scheiben Kochschinken

1. Salatgurke und Weintrauben waschen und abtrocknen. Gurke in 4 Scheiben schneiden.
2. Körnerstange quer halbieren und aufschneiden. Die Schnittflächen mit Frischkäse bestreichen und auf die Unterseiten jeweils ½ Scheibe Käse legen. Jeweils 2 Gurkenscheiben in 1 Scheibe Schinken einrollen (Krokodilzunge) und an jedem nicht angeschnittenen Brötchenende platzieren. Die Oberseiten auflegen.
3. 4 Weintrauben mit Zahnstochern oder Mandelsplittern (dazu evtl. die Löcher mit einem Zahnstocher vorstechen) als Krokodilaugen auf den Körnerstangenhälften fixieren.

PAUSENBOX-IDEE 18:

Blumenkohlbratlinge, Apfelmaus und bunter Obst- und Gemüsemix

DAS IST DRIN:

4 Blumenkohlbratlinge (Rezept siehe S. 63)
1 Apfel
1 Stück Salatgurke
½ Karotte
½ Birne
etwas Zitronensaft
etwas Frischkäse oder Honig nach Belieben

SO WIRD'S GEMACHT:

1. Blumenkohlbratlinge zubereiten.
2. Obst und Gemüse waschen und abtrocknen.
3. Apfel halbieren und darauf ein »Mausgesicht« zusammenstellen. Die Nase ist dabei der untere Teil des Apfels. Die Ohren aus einem Stück Apfel schneiden und mit etwas Zitronensaft beträufeln, damit sie sich nicht verfärben. Mit Zahnstocherhälften oder Mandelsplittern (dazu Löcher evtl. mit einem Zahnstocher vorstechen) als Mäuseohren befestigen.
4. Aus einem Stück Gurkenschale die beiden Augen ausschneiden.
5. Aus einer Karottenscheibe einen Mund gestalten. Augen und Mund nach Belieben mit etwas Frischkäse oder Honig aufkleben.
6. Restliches Obst und Gemüse in Scheiben schneiden und mit verschiedenen Formen wie Herz, Hase, Maus ausstechen.
7. Alles schön bunt in die Fächer der Lunchbox verteilen.

TIPP: Die Blumenkohlbratlinge können Sie auch im Backofen zubereiten. Dazu den Backofen auf 180 °C Umluft vorheizen. Bratlinge auf ein mit Backpapier ausgelegtes Blech setzen und 15–20 Minuten im Ofen backen. Nach ca. 10 Minuten einmal vorsichtig wenden.

BLUMENKOHLBRATLINGE

Zutaten für 12 Stück:

100 g Quinoa
250 ml Wasser
100 g Blumenkohl
½ Bund Petersilie
100 g Feta
2 Eier
Salz, Pfeffer
1 EL Öl (z. B. Olivenöl)

1. Quinoa in ein Sieb geben, mit heißem Wasser durchspülen und abtropfen lassen. Dann mit dem Wasser in einem Topf zum Kochen bringen. Temperatur reduzieren und Quinoa 20 Minuten köcheln lassen.
2. Blumenkohl waschen, trocken tupfen und in Röschen zerteilen. In einer Küchenmaschine zu Reiskorngröße zerkleinern.
3. Petersilie waschen, trocken schütteln und die Blätter hacken.
4. Feta zerbröseln und mit Quinoa, Blumenkohl und Petersilie in einer Schüssel vermengen.
5. Eier, Salz und Pfeffer zur Quinoa-Mischung geben und alles gut vermischen.
6. Öl in einer Pfanne erhitzen und mit einem Esslöffel portionsweise Kleckse der Blumenkohlmasse in die Pfanne setzen. Bratlinge von beiden Seiten braten, bis sie goldbraun sind. Vorgang wiederholen, bis die Masse aufgebraucht ist.

PAUSENBOX-IDEE 19:
Gemüsemuffin, bunte Snacktomaten, Beeren und Schokoladensplitter

DAS IST DRIN:

1 Gemüsemuffin (Rezept siehe S. 65)
einige bunte Snacktomaten
einige Heidelbeeren
einige Himbeeren
2 kleine Stücke dunkle Schokolade

SO WIRD'S GEMACHT:

1. Gemüsemuffins zubereiten.
2. Tomaten und Beeren waschen und abtrocknen.
3. Alle Zutaten schön bunt in der Pausendose verteilen.

GEMÜSEMUFFINS

Zutaten für 6 Muffins:

- 50 g Lauch
- 90 g Brokkoli
- 1 kleine Knoblauchzehe nach Belieben
- 100 g säuerlicher Apfel (z. B. Boskoop)
- 1 EL + 60 ml Öl (z. B. Olivenöl)
- ½ TL getrockneter Thymian
- Salz, Pfeffer
- 40 g Haferflocken
- 90 g Buchweizenmehl oder Weizenmehl
- 1 EL Maisstärke oder Speisestärke
- 1 TL Backpulver
- 2 Eier
- 70 g Naturjoghurt
- ½ EL Honig
- Kürbiskerne zum Bestreuen

TIPP: Die Gemüsemuffins können Sie im Kühlschrank 3–4 Tage lang aufbewahren.

1. Lauch putzen, gründlich waschen, abtrocknen und in feine Scheiben schneiden.
2. Brokkoli waschen, in Röschen zerteilen und mit einem Küchentuch trocken tupfen. Brokkoliröschen und Strunk in kleine Stücke schneiden.
3. Knoblauchzehe, falls verwendet, abziehen und fein hacken.
4. Apfel waschen, abtrocknen, entkernen und in 1 cm große Würfel schneiden.
5. 1 EL Öl in einer Pfanne erhitzen. Lauch und Brokkoli darin etwa 5 Minuten lang andünsten. Knoblauch, Thymian und Apfelstücke dazugeben und so lange mitbraten, bis der Apfel weich wird. Mit Salz und Pfeffer abschmecken und zur Seite stellen.
6. Ofen auf 200 °C Ober-/Unterhitze vorheizen.
7. Eine Muffinform mit 6 Papierförmchen bestücken.
8. Haferflocken in einer Küchenmaschine zu einem bröseligen Mehl zerkleinern. Mit Buchweizenmehl, Maisstärke, Backpulver und ½ TL Salz in einer großen Schüssel vermengen.
9. In einer zweiten Schüssel Eier, Joghurt, das restliche Öl und den Honig mit dem Handrührgerät verquirlen. In die Schüssel mit den trockenen Zutaten geben und alles miteinander vermengen. Gebratene Gemüse-Apfel-Mischung (etwas abgekühlt) vorsichtig unterheben.
10. Die Muffinmasse gleichmäßig auf die 6 Formen verteilen, mit einigen Kürbiskernen bestreuen und im Ofen etwa 20 Minuten lang backen. Muffins vor dem Herausnehmen aus den Formen etwas abkühlen lassen.

PAUSENBOX-IDEE 20:
Herzhafte Hörnchen, Apfelautos und Gurkensticks

DAS IST DRIN:

2 herzhafte Hörnchen (Rezept siehe S. 67)
1 Stück roter Apfel
4 Weintrauben
1 Stück Salatgurke
1 EL Mandelbutter, Mandelmus, Honig oder ein paar Mandelsplitter
1 Stück Käse (z. B. Gouda)

SO WIRD'S GEMACHT:

1. Herzhafte Hörnchen zubereiten.
2. Obst und Gemüse waschen und abtrocknen.
3. Apfel entkernen, längs in Stücke schneiden. Weintrauben quer halbieren und z. B. mit Mandelbutter seitlich an den Apfelspalten fixieren (Autoräder); alternativ: mit Mandelsplittern aufstecken.
4. Gurke und Käse in Sticks schneiden.
5. Alle Zutaten schön bunt in den Fächern der Pausenbox einordnen.

HERZHAFTE HÖRNCHEN

Zutaten für 6 Hörnchen:

1 Dinkel-Blätterteig
6 TL Frischkäse
1 Ei
1 EL Milch
1 Blatt Kopfsalat
1 Scheibe gekochter Schinken
2 Scheiben Hähnchenbrust

1. Backofen auf 220 °C Ober-/Unterhitze vorheizen. Blätterteig ausrollen, 6 lang gezogene Dreiecke ausschneiden. Mit genügend Abstand zum Rand jeweils 1 TL Frischkäse an der breitesten Stelle platzieren und Teig von hier aus vorsichtig aufrollen und Hörnchen formen.
2. Ei und Milch in einer Schüssel mit dem Schneebesen verquirlen. Hörnchen damit bestreichen.
3. Hörnchen auf ein mit Backpapier belegtes Blech legen und auf mittlerer Schiene in 15–20 Minuten im Ofen goldbraun backen. Dann kurz auskühlen lassen.
4. Salatblatt waschen, mit Küchenpapier trocken tupfen, dann halbieren. Schinken ebenfalls halbieren.
5. 2 Hörnchen längs aufschneiden, jeweils mit 1 Salatblatthälfte, 1 Schinkenhälfte und 1 Scheibe Hähnchenbrust belegen.

PAUSENBOX-IDEE 21:
Pizzawaffeln und Beeren

DAS IST DRIN:

3 Pizzawaffeln (Rezept siehe S. 69)
einige Erdbeeren
einige Heidelbeeren
einige Himbeeren

SO WIRD'S GEMACHT:

1. Pizzawaffeln zubereiten.
2. Beeren waschen und abtrocknen.
3. Pizzawaffeln und Beeren in die Fächer der Lunchbox verteilen.

PIZZAWAFFELN

Zutaten für 3 Stück:

60 g zimmerwarme Butter
2 Eier
60 g Dinkelvollkornmehl oder Weizenmehl
½ TL Backpulver
125 ml lauwarmes Wasser
1 Knoblauchzehe nach Belieben
½ EL süß-scharfer Senf
2 EL Tomatenmark
4 Scheiben Putenschinken
1 Scheibe Käse
Salz, Pfeffer
etwas getrockneter Oregano
Öl für das Waffeleisen

1. Butter und Eier in einer Schüssel mit dem Handrührgerät schaumig schlagen.
2. Dinkelvollkornmehl mit Backpulver vermischen, abwechselnd mit dem lauwarmen Wasser unter die Buttermasse rühren.
3. Knoblauch, falls verwendet, abziehen und fein hacken. Mit Senf und Tomatenmark unter den Teig mischen.
4. Putenschinken sowie Käse in kleine Würfel schneiden, ebenso vorsichtig unterrühren.
5. Teig mit Salz, Pfeffer sowie Oregano abschmecken.
6. Waffeleisen einfetten und 3 goldbraune Waffeln darin ausbacken.

TIPP: Wenn Sie die Mengen entsprechend anpassen, können Sie gleich mehrere Waffeln backen und einen Vorrat 2–3 Tage lang im Kühlschrank aufbewahren bzw. einfrieren. Die Waffeln schmecken auch lecker zu Salaten.

PAUSENBOX-IDEE 22:
Tomaten-Käse-Spieße, Studentenfutter und Erdbeer-Kiwi-Mix

DAS IST DRIN:

einige Snacktomaten
einige Erdbeeren
etwas Käse am Stück (z. B. Gouda)
1 Kiwi
2 EL Studentenfutter

SO WIRD'S GEMACHT:

1. Tomaten und Erdbeeren waschen und abtrocknen.
2. Käse in Würfel schneiden und mit den Snacktomaten abwechselnd auf Spieße stecken.
3. Strunk der Erdbeeren entfernen, Kiwi schälen. Beides in Stücke schneiden und in einem Fach der Lunchbox vermischen.
4. Tomaten-Käse-Spieße und Studentenfutter in die Box geben.

PAUSENBOX-IDEE 23:
Brötchen am Stiel, Gurke, Beeren-Mix und Käse-Schinken-Rollen

DAS IST DRIN:

1 Brötchen in rechteckiger Form (z. B. Vollkornbrötchen)
1–2 Scheiben Käse (z. B. Edamer)
1–2 Scheiben gekochter Schinken
einige Salzstangen
1 Stück Salatgurke
einige Heidelbeeren
einige Himbeeren

SO WIRD'S GEMACHT:

1. Brötchen evtl. noch etwas zurechtschneiden, dann ein Holzstäbchen (Eisstiel) in das Brötchen stecken, sodass etwa ⅓ des Stäbchens noch herausschaut.
2. Käse und Schinken in ungefähr gleich breite Streifen schneiden. Dann aufeinanderlegen, aufrollen und mit Salzstangenstücken aufspießen (evtl. kurz mit einem Zahnstocher ein Loch vorstechen).
3. Gurke und Beeren waschen und abtrocknen.
4. Gurke in dünne Scheiben schneiden.
5. Alle Zutaten schön bunt in den Fächern der Pausenbox verteilen.

PAUSENBOX-IDEE 24:
Nudel-Erbsen-Mix, Paprika- und Pfirsichstücke

DAS IST DRIN:

120 g gekochte Nudeln (z. B. Vollkorn-Spiralnudeln)
2 EL gekochte Erbsen
1 TL Öl (z. B. Olivenöl)
Salz, Pfeffer
1 rote Paprikaschote
1 Pfirsich

SO WIRD'S GEMACHT:

1. Nudeln mit Erbsen und Öl vermischen und mit Salz und Pfeffer würzen.
2. Paprikaschote und Pfirsich waschen, abtrocknen, jeweils entkernen und in Stücke schneiden.
3. Alle Zutaten in die Fächer der Pausendose einfüllen.

TIPP: Sehr gute Resteverwertung für gekochte Nudeln vom Vortag!

PAUSENBOX-IDEE 25:
Mini-Pancake-Spieße, Joghurt, Obst und Apfelmus

DAS IST DRIN:

2 Mini-Pancake-Spieße (Rezept siehe S. 77)
1 Scheibe Ananas (frisch oder aus der Dose)
50 g Naturjoghurt
1 EL Granatapfelkerne
2 EL ungesüßtes Apfelmus (bzw. 1 Apfel, weich gekocht und püriert)

SO WIRD'S GEMACHT:

1. Mini-Pancake-Spieße zubereiten.
2. Ananasscheibe halbieren.
3. Joghurt in einen kleinen Behälter füllen.
4. Alle Zutaten schön bunt in die Fächer der Lunchbox verteilen.

MINI-PANCAKE-SPIESSE

Zutaten für 2 Spieße:

1 reife Banane
65 ml Milch oder Pflanzendrink
50 g Buchweizenmehl oder Weizenmehl
½ TL Öl (z. B. flüssiges Kokosöl oder Sonnenblumenöl)

1. Banane schälen und in einer Schüssel mit einem Stabmixer zu Püree verarbeiten.
2. Milch und Mehl hinzufügen und alles zu einem glatten Teig verrühren.
3. Öl in einer Pfanne erhitzen und darin aus dem Teig ca. 10 kleine Pancakes (1 TL Teig pro Pancake) backen, dabei einmal wenden.
4. Jeweils 5 Pancakes auf einen Spieß aufstecken.

PAUSENBOX-IDEE 26:

Rührei mit Pilzen, Snacktomaten und Bananenstücke

DAS IST DRIN:

1 Portion Rührei mit Pilzen (Rezept siehe S. 79)
einige Snacktomaten
½ Banane

SO WIRD'S GEMACHT:

1. Rührei mit Pilzen zubereiten.
2. Snacktomaten waschen und abtrocknen.
3. Banane ungeschält in dicke Scheiben schneiden. Die Schale evtl. noch etwas einschneiden, damit man sie gut ablösen kann.
4. Rührei, Tomaten und Bananenstücke in die Brotdose geben.

RÜHREI MIT PILZEN

Zutaten für 2 Portionen:

200 g Champignons
1 EL Öl (z. B. Olivenöl)
6 Eier
Salz, Pfeffer
1 kleiner Bund Rucola oder Petersilie

1. Champignons putzen und in Scheiben schneiden.
2. Öl in einer Pfanne erhitzen und Champignons darin 5 Minuten scharf anbraten.
3. Währenddessen die Eier in einer Schüssel mit dem Schneebesen verquirlen und mit Salz und Pfeffer würzen.
4. Eiergemisch über die gebratenen Champignons gießen und bei mittlerer Hitze ein wenig stocken lassen. Dabei das Eiergemisch immer wieder mit einem Pfannenwender von außen nach innen schieben.
5. Rucola waschen, trocken schütteln, grob hacken und unter das Rührei heben.

PAUSENBOX-IDEE 27:
Gekochtes Ei, Snacktomaten, Karottenstreifen, Käsewürfel, Himbeeren und Kokos-Chips

DAS IST DRIN:

1 Ei
1 Karotte
einige Snacktomaten
einige Himbeeren
50 g Gouda am Stück
1 EL Kokos-Chips

SO WIRD'S GEMACHT:

1. Ei in einem Topf mit Wasser hart kochen, mit kaltem Wasser abschrecken, pellen, dann halbieren.
2. Gemüse und Beeren waschen.
3. Karotte schälen, in längliche Sticks oder Scheiben schneiden.
4. Käse würfeln.
5. Alle Zutaten schön bunt in die Fächer der Pausenbox verteilen.

PAUSENBOX-IDEE 28:
Bananenbrot, Apfelstücke und Mandarine

DAS IST DRIN:

4 Scheiben Bananenbrot (Rezept siehe S. 83)
1 Mandarine
½ Apfel
etwas Zitronensaft

SO WIRD'S GEMACHT:

1. Bananenbrot backen.
2. Mandarine schälen.
3. Apfel waschen, entkernen und in Würfel schneiden. Dann mit etwas Zitronensaft beträufeln, damit er sich nicht verfärbt.
4. Bananenbrotscheiben und Obst in die Fächer der Brotdose geben.

BANANENBROT

Zutaten für 1 Brot/ 1 Kastenform (20 cm):

- 4 reife Bananen
- 50 ml Agavendicksaft
- 50 ml flüssiges Kokosöl oder Sonnenblumenöl
- 1 Ei
- 150 g Mehl (z. B. Dinkelmehl)
- 1 TL Backpulver
- ¼ TL Natron
- 1 TL gemahlener Zimt
- 25 g (zuckerfreie) Schokoladendrops
- Fett für die Form

1. Backofen auf 180 °C Ober-/Unterhitze vorheizen.
2. Bananen schälen und in einer Schüssel mit der Gabel zerdrücken.
3. Agavendicksaft, Kokosöl und Ei dazugeben und mit dem Handrührgerät vermengen.
4. Mehl, Backpulver, Natron und Zimt unterrühren.
5. Schokoladendrops unter den Teig heben.
6. Teig in eine gefettete kleine Kastenform füllen und ca. 35 Minuten im Ofen backen.
7. Bananenbrot kurz auskühlen lassen, dann aus der Form lösen.

PAUSENBOX-IDEE 29:
Gemüsewraps, Snacktomaten und Banane

DAS IST DRIN:

1 Gemüsewrap (Rezept siehe S. 85)
einige Snacktomaten
1 Stück Banane

SO WIRD'S GEMACHT:

1. Gemüsewrap zubereiten und in 5 Röllchen schneiden.
2. Snacktomaten waschen und abtrocknen.
3. Bananenschale evtl. etwas einschneiden, damit sie sich besser abschälen lässt.
4. Wrap-Röllchen, Snacktomaten und Bananenstück in die Fächer der Brotbox verteilen.

GEMÜSEWRAPS

Zutaten für 2 Stück:

½ rote Paprikaschote
½ gelbe Paprikaschote
1 TL Öl (z. B. Olivenöl)
½ TL getrocknete italienische Kräuter
Salz, Pfeffer
250 g Mozzarella
30 g Rucola
2 Vollkorn-Tortilla-Wraps

1. Paprikaschoten waschen, abtrocknen, entkernen und in Streifen schneiden.
2. Öl in einer Pfanne erhitzen und die Paprikastreifen darin einige Minuten lang anbraten. Mit italienischen Kräutern, Salz und Pfeffer würzen.
3. Mozzarella abtropfen lassen und in Scheiben schneiden.
4. Rucola waschen, trocken schütteln und verlesen.
5. Die Vollkorn-Tortilla-Wraps jeweils mittig mit Paprika, Mozzarella und Rucola belegen, die Seiten einklappen und die Tortillas aufrollen.

PAUSENBOX-IDEE 30:
Haferflocken-Bananen-Küchlein, bunte Toast-Spieße, Käsesterne und Weintrauben

DAS IST DRIN:

- 2 Haferflocken-Bananen-Küchlein (Rezept siehe S. 87)
- 1 Scheibe Toast (z. B. Dinkeltoast) oder Brot
- 30 g Gouda am Stück
- 2 Snacktomaten
- 5 grüne Weintrauben

SO WIRD'S GEMACHT:

1. Haferflocken-Bananen-Küchlein zubereiten und in Stücke schneiden.
2. Aus dem Toast mit einem Ausstecher in Puzzleteilform Stücke ausstechen.
3. Mit einer kleinen Sternform aus dem Käse Sterne ausstechen.
4. Snacktomaten und Weintrauben waschen und abtrocknen.
5. Toaststücke mit Käsesternen, Tomaten und Weintrauben abwechselnd auf 2 Spieße stecken.
6. Alle Zutaten schön bunt in den Fächern der Pausendose anordnen.

HAFERFLOCKEN-BANANEN-KÜCHLEIN

Zutaten für 6 Stück/ 1 Kastenform (25 cm):

- Fett für die Form
- 3 reife Bananen
- 60 g Butter
- 1 TL Lebkuchengewürz
- 150 g Haferflocken
- 25 g gemischte Nüsse
- 25 g Zartbitter-Schokoladentropfen

1. Backofen auf 180 °C Ober-/Unterhitze vorheizen und eine Kastenform einfetten.
2. Bananen schälen, in einer Schüssel mit einer Gabel zerdrücken.
3. Butter, Lebkuchengewürz und Haferflocken (evtl. vorher mahlen oder zerkleinern) mit dem Handrührgerät untermischen.
4. Nüsse fein hacken, einen Teil davon mit einem Teil der Schokoladentropfen unter die Bananenmasse heben.
5. Teig in die gefettete Form füllen und 20–25 Minuten im Ofen backen.
6. Kuchen kurz auskühlen lassen und mit den restlichen Nüssen und Schokoladentropfen bestreuen.

PAUSENBOX-IDEE 31:

Brotmonster, Bananen-Heidelbeer-Spieße und Paprika-Karotten-Knabberstreifen

DAS IST DRIN:

1 Brotmonster (Rezept siehe S. 89)
1 kleine Karotte
1 Stück rote Paprikaschote
9 Heidelbeeren
1 Stück Banane

SO WIRD'S GEMACHT:

1. Brotmonster zubereiten.
2. Gemüse und Beeren waschen und abtrocknen.
3. Karotte evtl. schälen, Paprikaschote entkernen und beides in Streifen schneiden.
4. Banane schälen, in 3 Scheiben schneiden. Auf einen Spieß jeweils 3 Heidelbeeren und 1 Bananenscheibe stecken. Auf diese Art 3 Spieße bestücken.
5. Alle Zutaten schön bunt in der Lunchbox anrichten.

BROTMONSTER

Zutaten für 1 Stück:

- 1 Scheibe Brot (z. B. Roggenmischbrot)
- 1 Stück Salatgurke
- 1 Radieschen
- 1 Heidelbeere
- 1 EL Frischkäse

1. Brotscheibe nach Belieben toasten oder im Panini-Toaster grillen, dann halbieren.
2. Gemüse und Beere waschen und abtrocknen.
3. Radieschen putzen. Gurke und Radieschen in Scheiben schneiden.
4. 1 Brothälfte mit Frischkäse bestreichen, mittig 2 Gurkenscheiben platzieren, am geraden Brotende 3 Radieschenscheiben andrücken (Zähne), sodass sie etwas überstehen. Die andere Brothälfte aufsetzen.
5. Mit 1 Gurken- und 1 Radieschenscheibe ein Auge formen, die Heidelbeere darauf platzieren und mit einem Zahnstocherstück (oder Mandelsplitter, evtl. mit Zahnstocher ein Loch vorstechen) fixieren. Alternativ: Gurke, Radieschen und Heidelbeere (dazu etwas anschneiden) mit Frischkäse bestreichen und auf das Brot »kleben«.

PAUSENBOX-IDEE 32:
Brot-Frischkäse-Schnitten, Minikäse, Gurken-Tomaten-Spieße, Herz-Erdbeeren und Weintrauben

DAS IST DRIN:

2 (rechteckige) Scheiben Vollkornbrot
2 EL Frischkäse
einige Schnittlauchhalme
1 Stück Salatgurke
einige Snacktomaten
4 Erdbeeren
ein paar Weintrauben.
1 Minikäse (z. B. Babybel)

SO WIRD'S GEMACHT:

1. Vollkornbrotscheiben mit Frischkäse bestreichen.
2. Schnittlauch waschen, trocken schütteln und in kleine Röllchen schneiden.
3. Schnittlauchröllchen auf dem Frischkäse verteilen. Die Brotscheiben zusammenlegen und dann vierteln. Die Viertel hochkant in die Box einschichten.
4. Gemüse und Obst waschen und abtrocknen.
5. Gurke in Stücke schneiden und vierteln. Abwechselnd mit den Tomaten auf Spieße stecken.
6. Strunk der Erdbeeren wie ein Dreieck ausschneiden, um die Erdbeeren in Herzform zu bringen.
7. Alle Zutaten schön bunt in den Fächern der Brotdose anrichten.

PAUSENBOX-IDEE 33:

Knabberbox mit Kartoffelchips, Würstchen, Obst- und Gemüsesternen

DAS IST DRIN:

1 Portion Kartoffelchips (Rezept siehe S. 93)
1 Stück Salatgurke
1 Stück Karotte
3 Radieschen
einige Heidelbeeren
1 Scheibe (rechteckiges) Vollkorn- oder Eiweißbrot
1 Wiener Würstchen
1 Scheibe Wassermelone

SO WIRD'S GEMACHT:

1. Kartoffelchips zubereiten und abkühlen lassen.
2. Gemüse und Obst waschen und abtrocknen.
3. Von der Gurke und der Karotte dicke Scheiben abschneiden, dann mit einer Sternform jeweils kleine Sterne ausstechen. Sterne und Scheiben mit Sternloch gemischt zusammenstecken.
4. Brot quer halbieren und in Dreiecksform aufeinanderlegen.
5. Wiener halbieren. Mit dem Brot und den Gemüsesternen in ein Fach der Pausenbox geben.
6. Radieschen putzen.
7. Aus der Wassermelone mit einer Sternform Sterne ausstechen und mit den Heidelbeeren in einem Fach anordnen.
8. Kartoffelchips und Radieschen separat in Silikonformen oder kleinen Behältern hinzufügen.

KARTOFFELCHIPS

Zutaten für 2–3 Portionen:

5 festkochende Kartoffeln
2 EL Öl (z. B. Sonnenblumenöl)
Gewürze nach Belieben (z. B. Salz, Pfeffer, edelsüßes Paprikapulver, Cayennepfeffer usw.)

1. Kartoffeln waschen, schälen und in feine Scheiben hobeln.
2. In einer Schüssel gut mit dem Öl und den Gewürzen mischen und 10 Minuten ziehen lassen.
3. Backofen auf 180 °C Umluft vorheizen.
4. Die Kartoffelscheiben nun auf 1–2 mit Backpapier ausgelegte Bleche verteilen und 20–25 Minuten im Ofen backen. Darauf achten, dass die Kartoffelscheiben nicht übereinanderliegen – so werden sie schön knusprig. Während der Backzeit mindestens einmal wenden.

PAUSENBOX-IDEE 34:
Schoko-Crêpes-Röllchen, bunte Beeren und Cashewkerne

DAS IST DRIN:

etwas Haselnuss-Schoko-Creme (Rezept siehe S. 95)
1 Portion Crêpes-Röllchen (Rezept siehe S. 95)
½ Nektarine
einige Himbeeren
einige Heidel- und Brombeeren
einige Cashewkerne

SO WIRD'S GEMACHT:

1. Haselnuss-Schoko-Creme fertigstellen und damit die Crêpes-Röllchen zubereiten.
2. Nektarine und Beeren waschen und abtrocknen.
3. Alle Zutaten schön bunt in die Fächer der Lunchbox bzw. zusätzlich in kleine Behälter verteilen.

HASELNUSS-SCHOKO-CREME

Zutaten für 1 kleines Glas (ca. 150 g):

- 50 g Datteln (entsteint)
- 50 g Haselnusskerne
- 10 g Backkakao
- 20 g Agavendicksaft oder Honig
- 30 ml Milch oder Nussdrink

Alle Zutaten in einem Mixer pürieren, bis eine dicke Creme entstanden ist. Das dauert einige Minuten, ggf. noch mehr Flüssigkeit hinzufügen.

TIPP: Die Haselnuss-Schoko-Creme eignet sich auch als Aufstrich auf Brot oder als Füllung von selbst gemachten Schoko-Hörnchen. Im Kühlschrank ist sie 1–2 Wochen lang haltbar.

CRÊPES-RÖLLCHEN

Zutaten für 2 Portionen:

- 1 Ei
- 100 g Mehl (z. B. Dinkelmehl)
- 200 ml Milch
- 1 Prise Salz
- Öl zum Ausbacken (z. B. Sonnenblumenöl)
- 2 EL Haselnuss-Schoko-Creme

1. Ei in einer Schüssel mit dem Schneebesen verquirlen. Mehl einrühren, dann Milch zugießen, Salz zugeben und alles glatt rühren.
2. Öl in einer Pfanne erhitzen und darin aus dem Teig 4 große Crêpes backen. Beim Backen jeweils einmal wenden.
3. 2 der Crêpes mit der Haselnuss-Schoko-Creme bestreichen, jeweils 1 Crêpe darauflegen und ebenfalls mit Creme bestreichen.
4. Die zusammengelegten Crêpes jeweils eng aufrollen und anschließend in ca. 5 gleich große Stücke schneiden.

PAUSENBOX-IDEE 35:

Herzhaftes Bärchen mit buntem Obst- und Gemüseallerlei

DAS IST DRIN:

1 herzhaftes Bärchen (Rezept siehe S. 97)
1 kleine Karotte
¼ rote Paprikaschote
1 Stück Salatgurke
¼ Apfel
2 Erdbeeren
10 Heidelbeeren

SO WIRD'S GEMACHT:

1. Herzhafte Bärchen zubereiten.
2. Gemüse und Obst waschen und abtrocknen.
3. Karotte schälen, Paprikaschote entkernen und beides, zusammen mit der Gurke, in Streifen schneiden.
4. Apfel entkernen, Erdbeeren entstielen, beides in mundgerechte Stücke schneiden. Abwechselnd mit Heidelbeeren auf Zahnstocher aufspießen oder einfach bunt in ein Fach der Lunchbox verteilen.
5. Bärchen und Gemüsesticks in die Fächer der Box geben.

HERZHAFTES BÄRCHEN

Zutaten für 6 Bärchen:

125 ml lauwarme Milch
12 g frische Hefe
1 Prise Zucker
50 g Margarine oder Butter
125 g Dinkelmehl
125 g Dinkelvollkornmehl
Salz
1 Ei
6 Brokkoliröschen
1 Prise gemahlene Muskatnuss
Pfeffer
etwas Öl (z. B. Rapsöl)
6 Mini-Wiener-Würstchen

1. Lauwarme Milch in eine Schüssel geben, Hefe hineinbröckeln und mit dem Zucker unterrühren. An einem warmen Ort zugedeckt 15 Minuten gehen lassen.
2. Margarine in einem Topf schmelzen und beiseitestellen.
3. Dinkelmehl und Dinkelvollkornmehl in einer Schüssel mit 1 TL Salz mischen. 30 g flüssige Margarine, Ei und Hefemischung hinzufügen, mit dem Handrührgerät zu einem glatten Teig rühren. Weitere 30 Minuten zugedeckt gehen lassen.
4. Währenddessen Brokkoli waschen und mit Muskatnuss, Salz und Pfeffer würzen und mit Öl beträufeln.
5. Teig nochmals kneten, 6 Bärchen daraus formen. Jeweils 1 Brokkoliröschen und 1 Würstchen in die Arme jedes Bären drücken. Bären auf ein mit Backpapier belegtes Blech legen und nochmals zugedeckt etwas aufgehen lassen.
6. Backofen auf 200 °C Ober-/Unterhitze vorheizen. Hefegebäck in 20–25 Minuten im Ofen goldbraun backen; nach 10 Minuten mehrmals mit der restlichen flüssigen Margarine bestreichen. Sollten die Bären zu dunkel werden, mit Alufolie abdecken. Nach dem Backen auskühlen lassen.

PAUSENBOX-IDEE 36:
Wurstbrot-Spieße, Gurken- und Karottensticks, Snacktomaten und Apfelscheiben

DAS IST DRIN:

2 (rechteckige) Roggenvollkornbrote
2 Scheiben gekochter Schinken oder Wurst nach Belieben
1–2 Scheiben Käse (z. B. Emmentaler)
1 Stück Karotte
1 Stück Salatgurke
einige Snacktomaten
½ Apfel

SO WIRD'S GEMACHT:

1. Vollkornbrotscheiben, Schinken und Käse aufeinanderlegen, dann in 6 gleich große, rechteckige Stücke teilen.
2. Brot-, Schinken- und Käsestücke gemischt auf 2 Spieße stecken.
3. Gemüse und Apfel waschen und abtrocknen.
4. Karotte schälen und wie die Gurke in Stifte schneiden.
5. Den Apfel entkernen und in dünne Scheiben schneiden (evtl. mit einem Gemüsehobel).
6. Alle Zutaten schön bunt in die Fächer der Pausendose verteilen.

PAUSENBOX-IDEE 37:
Herzige Haferkekse, Gurken-Paprika-Sticks und Clementine

DAS IST DRIN:

10 herzige Haferkekse (Rezept siehe S. 101)
1 Stück Paprikaschote
1 Stück Salatgurke
1 Clementine

SO WIRD'S GEMACHT:

1. Herzige Haferkekse backen und auskühlen lassen.
2. Gemüse waschen und abtrocknen. Paprikaschote entkernen und in Streifen schneiden.
3. Von der Gurke 1 Scheibe abschneiden und einen Stern ausstechen. Restliche Gurke in Stücke schneiden. Paprika- und Gurkenstücke gemischt in ein Fach der Pausenbox geben und mit dem Stern dekorieren.
4. Clementine evtl. noch schälen. Haferkekse und Clementine in die restlichen Fächer der Lunchbox geben.

HERZIGE HAFERKEKSE

Zutaten für 10–20 Kekse (je nach Größe):

- 100 g reife Banane
- 50 ml Haferdrink oder Milch
- 1 EL flüssiges Kokosöl
- 100 g Haferflocken
- 1 EL Chiasamen
- ½ TL Vanillepulver

1. Backofen auf 200 °C Ober-/Unterhitze vorheizen.
2. Banane schälen und in einer Schüssel mit einer Gabel zerdrücken. Mit den restlichen Zutaten vermischen und Teig 10 Minuten quellen lassen.
3. Jeweils eine kleine Menge des Teigs auf einem mit Backpapier ausgelegten Backblech mit den Fingern platt drücken. Eine Herz-Ausstechform in den Teig drücken und den Teig um das Förmchen herum entfernen. Den Vorgang so lange wiederholen, bis der Teig aufgebraucht ist.
4. Kekse im Ofen etwa 15 Minuten backen. Danach einige Stunden aushärten lassen.

PAUSENBOX-IDEE 38:
Überbackenes Knäckebrot, Ninja-Käse, Gurke und Apfel

DAS IST DRIN:

2 Scheiben Vollkornknäckebrot
1 EL Frischkäse
½ Scheibe Käse (z. B. Edamer)
2 Scheiben Wurst (z. B. Geflügelwurst)
1 Minikäse (z. B. Babybel)
dunkle Zuckerschrift oder Lebensmittelfarbe nach Belieben
1 Stück Salatgurke
1 Stück Apfel
etwas Zitronensaft

SO WIRD'S GEMACHT:

1. 1 Scheibe Knäckebrot mit Frischkäse bestreichen, mit Käse und Wurst belegen und mit dem zweiten Knäckebrot bedecken. In einem Panini-Grill oder Toaster kurz erhitzen, bis der Käse leicht schmilzt.
2. Minikäse mit dem Bändchen auf einer Seite öffnen, mit dunkler Zuckerschrift oder Lebensmittelfarbe ein Auge aufmalen.
3. Gurke und Apfel waschen und abtrocknen. Gurke in Scheiben schneiden.
4. Apfel entkernen, in kleine Stücke schneiden und mit etwas Zitronensaft beträufeln, um Verfärbungen zu vermeiden.
5. Alle Zutaten in die Fächer der Pausendose verteilen.

TIPP: Falls Sie keinen Panini-Grill oder Toaster haben, können Sie das Knäckebrot auch ungetoastet in die Lunchbox geben.

PAUSENBOX-IDEE 39:
Pancake-Tacos mit bunten Gemüsestücken und Joghurt mit Haferflocken

DAS IST DRIN:

3 gefüllte Pancake-Tacos
(Rezept siehe S. 105)
einige Snacktomaten
1 Stück Salatgurke
1 Stück Karotte
3–4 EL griechischer Joghurt
1 TL Haferflocken oder gehackte Nüsse

SO WIRD'S GEMACHT:

1. Pancake-Tacos zubereiten und in die Lunchbox schichten.
2. Gemüse waschen, abtrocknen, in Stücke oder Scheiben schneiden und in der Pausendose verteilen.
3. Griechischen Joghurt in ein Fach der Box geben und mit Haferflocken bestreuen. Evtl. noch ein paar Kleckse Joghurt auf den Tacos verteilen.

PANCAKE-TACOS

Zutaten für 8–10 Pancakes (je nach Größe):

2 Eier
120 ml Buttermilch
1 EL zimmerwarme Butter
1 TL Honig, Agavendicksaft oder Süßungsmittel nach Wahl
1 Prise Salz
125 g Mehl (z. B. Weizenvollkornmehl)
1 TL Backpulver
1 EL Öl (z. B. Sonnenblumenöl)
einige Erdbeeren, Heidelbeeren und Himbeeren

1. Eier, Buttermilch, Butter und Honig in einer Schüssel gut mit dem Handrührgerät verquirlen.
2. Salz, Mehl und Backpulver hinzufügen und alles gut verrühren.
3. Öl in eine Pfanne geben, mit einem Esslöffel Teigkleckse in die Pfanne setzen und von beiden Seiten braten. Vorgang so lange wiederholen, bis der Teig aufgebraucht ist.
4. Beeren waschen und abtrocknen, Erdbeeren entstielen und evtl. noch zurechtschneiden.
5. 3 Tacos mit der Beerenmischung füllen und in die Lunchbox schichten.

PAUSENBOX-IDEE 40:
Gemüse-Mozzarella-Bällchen, Gurkenstreifen, Karottensticks und -sterne und Pflaume mit Stern

DAS IST DRIN:

7 Gemüse-Mozzarella-Bällchen (Rezept siehe S. 107)

1 Stück Karotte

1 Stück Salatgurke

1 Pflaume

SO WIRD'S GEMACHT:

1. Gemüse-Mozzarella-Bällchen backen und abkühlen lassen.
2. Gemüse und Pflaume waschen und abtrocknen.
3. Karotte schälen und ein paar Scheiben abschneiden. Mit einer Sternform aus den Karottenscheiben Sterne ausstechen, das restliche Karottenstück in Sticks schneiden.
4. Gurken in Streifen schneiden. Zusammen mit den Karottenstücken in die Pausenbox füllen, mit den Sternen dekorieren.
5. Mit der Sternform einen Stern in die Schale der Pflaume stechen und die Haut an dieser Stelle abziehen.
6. Gemüse-Mozzarella-Bällchen und Pflaume mit Stern in die restlichen Fächer der Lunchbox verteilen.

GEMÜSE-MOZZARELLA-BÄLLCHEN

Zutaten für ca. 15 Bällchen:

300 g Blumenkohl
60 g geriebener Mozzarella
80 g Polenta
60 g Kichererbsenmehl oder Mehl nach Wahl (z. B. Dinkelmehl)
Salz, Pfeffer

1. Backofen auf 200 °C Ober-/Unterhitze vorheizen.
2. Blumenkohl waschen, trocken tupfen und in Röschen schneiden. In einer Küchenmaschine zu Reiskorngröße zerkleinern. In einer Schüssel mit den restlichen Zutaten vermengen.
3. Mit den Händen kleine Bällchen formen und diese auf einem mit Backpapier ausgelegten Backblech verteilen.
4. Bällchen etwa 20 Minuten im Ofen backen.

PAUSENBOX-IDEE 41:
Belegtes Brötchen, bunte Obstspieße mit Schokoladen-Dip

DAS IST DRIN:

1 Portion Schokoladen-Dip (Rezept siehe S. 109)
2 Radieschen
1 Stück Salatgurke
1 Salatblatt (z. B. Eisbergsalat)
4 Erdbeeren
4 Weintrauben (gemischt)
1 Vollkornbrötchen
2 Scheiben Hähnchenbrust oder Wurst
1 Scheibe Käse (z. B. Gouda)
1 Stück Banane

SO WIRD'S GEMACHT:

1. Schokoladen-Dip zubereiten und in ein Fach der Lunchbox oder einen separaten kleinen Behälter füllen.
2. Gemüse, Salatblatt und Obst waschen und abtrocknen.
3. Radieschen putzen und wie die Gurke in Scheiben schneiden.
4. Brötchen aufschneiden, Unterseite mit Hähnchenbrust, Käse, Gurken- und Radieschenscheiben und Salatblatt belegen und Deckel aufsetzen. Brötchen halbieren.
5. Erdbeeren entstielen und kleiner schneiden.
6. Banane schälen und in Scheiben schneiden. Bananenscheiben, Erdbeeren und Weintrauben bunt gemischt auf Spieße stecken.
7. Belegtes Brötchen, Spieße und restliches Obst und Gemüse in die Brotdose geben.

SCHOKOLADEN-DIP

Zutaten für 1 Portion:

70 g Naturjoghurt
1 TL Kakaopulver (ungesüßt)
1 TL Honig

Joghurt, Kakaopulver und Honig in einer Schüssel gut verrühren.

PAUSENBOX-IDEE 42:
Puzzle-Toast, Zimt-Popcorn und bunte Obst- und Gemüsestücke

DAS IST DRIN:

1 Portion Zimt-Popcorn (Rezept siehe S. 111)
2 Scheiben Vollkorntoast oder Brot
1 TL Hummus (Rezept siehe S. 37)
1 Stück Salatgurke
1 TL Frischkäse
2 Scheiben Hähnchenbrust oder Schinken
1 kleine Karotte
1 Stück rote Paprikaschote
3 Snacktomaten
½ Kiwi
einige Himbeeren

SO WIRD'S GEMACHT:

1. Zimt-Popcorn zubereiten und abkühlen lassen. Dann in ein Abteil der Box geben.
2. Aus den Toastscheiben mit einem Ausstecher in Puzzleteilform 8 Stücke ausstechen. 2 Toaststücke mit Hummus bestreichen.
3. Gurke waschen, abtrocknen und in Scheiben schneiden, diese leicht auf den Hummus drücken. 2 Toaststücke obenauf setzen.
4. Frischkäse auf 2 weitere Toaststücke streichen, jeweils mit 1 Scheibe Hähnchenbrust belegen und mit den restlichen 2 Toaststücken bedecken.
5. Karotte, Paprikaschote und Snacktomaten waschen und abtrocknen.
6. Karotte schälen, längs halbieren. Paprikaschote entkernen und wie die Karotte in Stücke schneiden. Toast mit Gemüsestücken und Tomaten in einem Fach der Box anrichten.
7. Kiwi halbieren, schälen, klein würfeln.
8. Himbeeren waschen, trocken schütteln und mit Kiwistücken gemischt in die Box geben.

ZIMT-POPCORN

Zutaten für 1 Portion:

½ TL Rapsöl
1 EL Popcornmaiskörner
1 Prise gemahlener Zimt
½ TL Honig

1. Rapsöl bei mittlerer Temperatur in einem kleinen Topf erhitzen, Maiskörner hinzufügen und bei geschlossenem Deckel aufploppen lassen. Topf dabei gelegentlich schwenken, damit nichts anbrennt.
2. Herd ausstellen, fertiges Popcorn mit Zimt und Honig vermischen und gut durchrühren.

TIPP: Alternativ können Sie bereits fertiges Popcorn (ungesalzen bzw. ungesüßt) erwärmen und mit Zimt und flüssigem Honig vermischen.

PAUSENBOX-IDEE 43:
Süße Waffeln, Joghurt mit Mandeln, Apfelscheiben und Erdbeeren

DAS IST DRIN:

1 Portion süße Waffeln (Rezept siehe S. 113)
½ Apfel
einige Erdbeeren
einige Mandeln
120 g Naturjoghurt

SO WIRD'S GEMACHT:

1. Süße Waffeln zubereiten.
2. Apfel und Erdbeeren waschen und abtrocknen. Apfel entkernen und in Scheiben schneiden, ein paar Erdbeeren ebenfalls kleiner schneiden.
3. Waffeln jeweils dritteln, in die Box geben und mit Apfelscheiben, Erdbeeren und Mandeln dekorieren.
4. Naturjoghurt in ein Fach der Lunchbox oder einen kleinen Behälter geben und mit Mandeln bestreuen.
5. Restliche Apfelscheiben und Erdbeeren in der Pausendose anrichten.

SÜSSE WAFFELN

Zutaten für 1 Portion:

1 Ei
120 ml Buttermilch
1 EL flüssiges Kokosöl oder Sonnenblumenöl
1 TL Honig (bzw. Süßungsmittel nach Wahl)
40 g Mehl (z. B. Dinkelvollkornmehl)
½ TL Backpulver
1 TL gemahlener Zimt

1. Backofen auf 180 °C Umluft vorheizen.
2. Ei in einer Schüssel mit dem Schneebesen verquirlen. Buttermilch, Kokosöl und Honig unterrühren.
3. Mehl, Backpulver und Zimt in einer zweiten Schüssel vermengen, zu den feuchten Zutaten geben und vermischen.
4. Teig in eine Silikon-Waffelform füllen und im Backofen 10–15 Minuten backen.

TIPP: Sie können den Teig auch in einem gefetteten Waffeleisen ausbacken.

PAUSENBOX-IDEE 44:

Kartoffelpüree mit Erbsen, Bohnenfrikadellen, schokolierte Mandarinenstücke, Salzstangen und Schokoladensplitter

DAS IST DRIN:

1 Portion Kartoffelpüree mit Erbsen (Rezept siehe S. 115)

1 Portion Bohnenfrikadellen (Rezept siehe S. 115)

20 g dunkle Schokolade

1 Msp. Margarine oder Butter

½ Mandarine

2 Salzstangen

SO WIRD'S GEMACHT:

1. Kartoffelpüree mit Erbsen und Bohnenfrikadellen zubereiten.
2. 5 g Schokolade mit der Margarine in einer Schüssel im heißen Wasserbad schmelzen. Mandarine schälen und 3 Mandarinenstücke bis zur Hälfte in Schokolade tunken. Auf ein Gitter legen und Schokolade fest werden lassen.
3. Restliche Schokolade in Stücke brechen.
4. Alle Zutaten in der Brotdose anrichten.

KARTOFFELPÜREE MIT ERBSEN

Zutaten für 1 Portion:

- 170 g mehligkochende Kartoffeln
- 30 g Margarine oder Butter
- 100 ml Milch
- ¼ TL gemahlene Muskatnuss
- Salz, Pfeffer
- 85 g TK-Erbsen oder Erbsen aus der Dose

1. Kartoffeln in einem Topf mit Salzwasser weich kochen, kalt abschrecken und schälen.
2. Noch warm in einer Schüssel mit dem Kartoffelstampfer zerdrücken, Margarine und Milch einrühren.
3. Mit Muskatnuss, Salz und Pfeffer abschmecken.
4. TK-Erbsen mit wenig Wasser in einen Topf geben und in der Mikrowelle oder auf dem Herd gar kochen. Abtropfen lassen, salzen und zum Püree geben.

BOHNENFRIKADELLEN

Zutaten für 1 Portion:

- 90 g weiße Bohnen aus der Dose
- 1 Stängel Basilikum
- 20 g Mehl (z. B. Dinkelvollkornmehl)
- ¼ TL Knoblauchgranulat
- ¼ TL Zwiebelgranulat
- Salz, Pfeffer
- 1 TL Öl (z. B. Olivenöl)

1. Bohnen abtropfen lassen, in eine Schüssel geben und mit dem Stabmixer pürieren.
2. Basilikum waschen, trocken schütteln, Blätter abzupfen und grob hacken.
3. Mehl, Knoblauch-, Zwiebelgranulat und Basilikum unter das Bohnenmus mischen. Mit Salz und Pfeffer würzen.
4. Mit feuchten Händen aus dem Teig 4–5 Frikadellen formen.
5. In einer Pfanne das Öl erhitzen und die Frikadellen darin von beiden Seiten goldbraun braten.

PAUSENBOX-IDEE 45:
Mozzarella-Wraps, Schafskäsewürfel, Mandarine, Apfelstücke, Gurkensticks und Tomaten

DAS IST DRIN:

2 Mozzarella-Wraps
(Rezept siehe S. 117)
50 g Schafskäse
1 Stück Salatgurke
einige Snacktomaten
1 Stück Apfel
etwas Zitronensaft
½ Mandarine

SO WIRD'S GEMACHT:

1. Mozzarella-Wraps zubereiten.
2. Schafskäse würfeln und in einen kleinen Behälter füllen.
3. Gemüse und Apfel waschen und abtrocknen.
4. Gurke zu Sticks schneiden.
5. Apfel entkernen, klein würfeln und mit Zitronensaft beträufeln, um Verfärbungen zu vermeiden.
6. Mandarine schälen.
7. Alle Zutaten in die Pausenbox einfüllen.

TIPP: Die Wraps können Sie auch nach Belieben belegen, z. B. mit Wurst, Käsescheiben, Salatblatt, Rohkost etc.

MOZZARELLA-WRAPS

Zutaten für 2 Wraps:

70 g Magerquark
30 g geriebener Mozzarella
1 Ei
Salz, Pfeffer
getrocknetes Basilikum
getrockneter Oregano
20 g Frischkäse

1. Backofen auf 180 °C Umluft vorheizen.
2. Magerquark, Mozzarella und Ei mit dem Schneebesen in einer Schüssel vermischen.
3. Mit Salz, Pfeffer, Basilikum und Oregano würzen.
4. Den Teig in 2 »Klecksen« mit etwas Abstand voneinander entfernt auf ein mit Backpapier ausgelegtes Backblech setzen. Mithilfe eines Löffels zu dünnen Wraps ausstreichen.
5. Wraps im Backofen ca. 15 Minuten backen und dann auskühlen lassen.
6. Wraps jeweils mit 10 g Frischkäse bestreichen und zusammenklappen.

PAUSENBOX-IDEE 46:
Banana-Bread-Minimuffins, Himbeeren und Karottenblumen

DAS IST DRIN:

5 Banana-Bread-Minimuffins (Rezept siehe S. 119)
1 Stück Karotte
einige Himbeeren

SO WIRD'S GEMACHT:

1. Banana-Bread-Minimuffins backen und auskühlen lassen.
2. Karotte und Himbeeren waschen und abtrocknen.
3. Karotte schälen, in Scheiben schneiden und mit einem Ausstecher in Blumenform Blumen daraus ausstechen.
4. Muffins, Himbeeren und Karottenblumen in die Fächer der Pausendose einfüllen.

BANANA-BREAD-MINIMUFFINS

Zutaten für ca. 20 Minimuffins:

- 150 g reife Banane
- 40 ml flüssiges Kokosöl oder Sonnenblumenöl
- 1 EL Leinsamen
- 80 ml Haferdrink oder Milch
- ½ TL Vanillepulver
- ½ TL gemahlener Zimt
- 30 g Kokosblütenzucker oder 1 EL Honig
- 25 g Haferflocken
- 1 TL Backpulver
- ½ TL Natron
- ¼ TL Salz
- 100 g Buchweizenmehl oder Vollkornmehl
- Walnusshälften und Zartbitterschokodrops nach Belieben zum Garnieren

1. Backofen auf 170 °C Ober/Unterhitze vorheizen.
2. Mini-Muffinformen mit Papierförmchen auslegen.
3. Die Banane schälen und in einer großen Schüssel mit einer Gabel zerdrücken.
4. Kokosöl mit Leinsamen, Haferdrink, Vanillepulver und Zimt zur Banane geben und verrühren.
5. Die restlichen Zutaten hinzugeben und alles mit dem Handrührgerät zu einem glatten Teig verrühren.
6. Mit einem Löffel den Teig auf die kleinen Muffinförmchen verteilen. Walnusshälften und Schokodrops nach Belieben daraufgeben und leicht in den Teig drücken.
7. Muffins im Ofen 15–20 Minuten backen, bis bei einer Holzstäbchenprobe kein Teig mehr am Stäbchen hängen bleibt.

PAUSENBOX-IDEE 47:
Bärchenpizza, Gurken- und Paprika-streifen, Mango-Heidelbeeren-Mix

DAS IST DRIN:

1 Bärchenpizza (Rezept siehe S. 121)
einige Heidelbeeren
1 Stück rote Paprikaschote
1 Stück Salatgurke
1 Stück Ananasfruchtfleisch
1 Stück Mangofruchtfleisch

SO WIRD'S GEMACHT:

1. Bärchenpizza zubereiten.
2. Beeren und Gemüse waschen und abtrocknen.
3. Ananas und Mango in Würfel schneiden und mit den Heidelbeeren in einem Fach der Lunchbox vermischen.
4. Paprikaschote entkernen und wie die Gurke in Streifen schneiden. Beides gemischt in ein Fach der Pausenbox geben.
5. Die Bärchenpizza in die Box legen.

BÄRCHENPIZZA

Zutaten für 1 Portion:

30 g Mehl (z. B. Dinkelmehl) + etwas Mehl für die Arbeitsfläche
1 Msp. Backpulver
1 Prise Salz
25 g Naturjoghurt
25 g Tomate
½ TL getrocknetes Basilikum
10 g geriebener Mozzarella
1 Scheibe Hähnchenbrust oder Wurst
1 TL Frischkäse
1 Snacktomate
1 Streifen rote Paprikaschote

1. Backofen auf 200 °C Ober-/Unterhitze vorheizen.
2. Mehl in einer Schüssel mit Backpulver und Salz mischen. Den Joghurt zugeben und alles zu einem geschmeidigen Teig verrühren.
3. Tomate waschen, Stielansatz entfernen und Fruchtfleisch klein würfeln.
4. Auf einer mit Mehl bestäubten Arbeitsfläche aus dem Teig ein ca. 1 cm dickes Bärengesicht mit Ohren formen. Mit einer Gabel mehrmals einstechen, mit Tomatenfruchtfleisch belegen und mit Basilikum bestreuen; den Rand dabei frei lassen.
5. Pizza mit Mozzarella bestreuen, in den Ofen schieben und 10–12 Minuten backen, bis der Mozzarella eine leicht bräunliche Farbe angenommen hat.
6. Hähnchenbrustscheibe in 2 Dreiecke schneiden und diese mit etwas Frischkäse auf die Pizza als Augen aufkleben.
7. Snacktomate und Paprikastreifen waschen, abtrocknen und Tomate halbieren. Beides mit dem restlichen Frischkäse als Augen und Mund auf dem Bärchengesicht fixieren.

PAUSENBOX-IDEE 48:
Schinken- und Käseformen, Karotten- und Bananenstücke, Weintrauben und Studentenfutter

DAS IST DRIN:

2–3 große Scheiben Käse (z. B. Edamer)
2 Scheiben gekochter Schinken oder Wurst
½ Karotte
1 Stück Banane
einige helle, kernlose Weintrauben
1–2 EL Studentenfutter

SO WIRD'S GEMACHT:

1. Käse- und Schinkenscheiben in kleine Quadrate schneiden und jeweils mit verschiedenen Formen, z. B. Blume oder Herz, in der Mitte ein Stück ausstechen. Die ausgestochenen Formen und die Quadrate mit Loch jeweils gemischt ineinandersetzen.
2. Karotte waschen, abtrocknen, schälen und in Scheiben schneiden.
3. Banane schälen, in Scheiben schneiden und Sternformen ausstechen.
4. Weintrauben waschen und abtrocknen. 3 Weintrauben abwechselnd mit 3 Bananensternen auf einen Spieß stecken. Restliche Weintrauben, Bananensterne und -scheiben in die Lunchbox geben.
5. Alle Zutaten in den Fächern der Box verteilen.

PAUSENBOX-IDEE 49:
Gebackene Kartoffelspalten mit Paprika-Dip, Minikäse und Nektarine

DAS IST DRIN:

1 Portion gebackene Kartoffelspalten (Rezept siehe S. 125)
1 Portion Paprika-Dip (Rezept siehe S. 125)
1 Nektarine
2 Minikäse (z. B. Babybel)

SO WIRD'S GEMACHT:

1. Gebackene Kartoffelspalten und Paprika-Dip zubereiten.
2. Nektarine waschen, entkernen und in Spalten schneiden.
3. Alle Zutaten in die Fächer der Lunchbox verteilen.

GEBACKENE KARTOFFELSPALTEN

Zutaten für 4 Portionen:

800 g vorwiegend festkochende Kartoffeln
2 EL Öl (z. B. Olivenöl)
Salz, Pfeffer
Gewürze nach Belieben (z. B. edelsüßes Paprikapulver)

1. Ofen auf 180 °C Umluft vorheizen.
2. Kartoffeln waschen, schälen, der Länge nach halbieren und in Spalten schneiden. In einer Schüssel gut mit Öl und Gewürzen vermischen.
3. Kartoffelspalten auf einem mit Backpapier ausgelegten Backblech verteilen und 20–25 Minuten im Ofen backen, bis sie gar und goldgelb sind.

PAPRIKA-DIP

Zutaten für 2 Portionen:

200 g rote Paprikaschote
½ Knoblauchzehe
1 TL gemahlener Kreuzkümmel
1 TL edelsüßes Paprikapulver
80 ml Öl (z. B. Olivenöl)
Salz

TIPP: Kartoffelspalten mit Paprika-Dip schmecken auch prima als Abendessen. Die Reste dann einfach am nächsten Tag in die Pausenbox packen.

1. Ofen auf 180 °C Umluft vorheizen.
2. Paprikaschote waschen, trocken tupfen, vierteln und entkernen.
3. Paprikaviertel mit der Hautseite nach oben auf ein mit Backpapier ausgelegtes Backblech legen und auf mittlerer Stufe etwa 15 Minuten im Ofen rösten. Dann abkühlen lassen.
4. Haut der Paprika weitestgehend entfernen und Paprika in kleinere Stücke schneiden.
5. Knoblauchzehe abziehen, evtl. zerkleinern.
6. Paprikastücke, Knoblauch, Kreuzkümmel, Paprikapulver und Öl in eine Schüssel geben und mit dem Stabmixer zu einem cremigen Dip pürieren.
7. Mit Salz abschmecken.

PAUSENBOX-IDEE 50:

Käsebrotschnitten, Hähnchenbrustfilet-streifen, Milchreis mit herzigen Erdbeeren und buntes Gemüse

DAS IST DRIN:

1 Portion Milchreis (Rezept siehe S. 127)
1 kleine Scheibe Vollkornbrot
½ TL Butter
1 Scheibe Käse (z. B. Emmentaler)
2 Erdbeeren
je 1 Stück rote und gelbe Paprikaschote
1 Stück Salatgurke
3 Snacktomaten
6 fertig gebratene Hähnchenbrustfilet-streifen

SO WIRD'S GEMACHT:

1. Milchreis zubereiten und abkühlen lassen.
2. Brot mit Butter bestreichen und mit Käse belegen, dann in gleich große Rechtecke schneiden.
3. Erdbeeren und Gemüse waschen und abtrocknen.
4. Strunk der Erdbeeren dreieckförmig ausschneiden, sodass eine Herzform entsteht. Ausgekühlten Milchreis in die Box füllen und mit den Erdbeeren belegen.
5. Paprikaschote entkernen und in Streifen schneiden.
6. Gurke nur teilweise schälen – also einen Streifen schälen und dann wieder einen Streifen aussparen –, dann das Gurkenstück in Scheiben schneiden.
7. Alle Zutaten schön bunt in der Lunchbox anordnen.

MILCHREIS

Zutaten für 2 Portionen:

500 ml Milch
1 Msp. Vanillepulver
1 Prise Salz
125 g Milchreis
1 EL Zucker

1. Milch, Vanillepulver und Salz in einem Topf vermischen und kurz aufkochen.
2. Milchreis einrühren und 20–25 Minuten bei mittlerer Hitze und unter ständigem Rühren köcheln lassen.
3. Zucker unterrühren.

TIPP: Wer möchte, kann den Milchreis noch mit Zimt bestreuen.

PAUSENBOX-IDEE 51:
Toast mit Bohnen-Snack, Obst- und Gemüsespieße

DAS IST DRIN:

2 Scheiben Toast (z. B. Dinkeltoast)
70 g weiße Bohnen aus der Dose
30 g passierte Tomaten
½ TL Speisestärke
¼ TL getrockneter Oregano
Salz, Pfeffer
einige Heidelbeeren
einige gemischte Weintrauben
einige Erdbeeren
1 Stück Salatgurke
1 Stück Karotte

SO WIRD'S GEMACHT:

1. Dinkeltoast im Toaster oder Panini-Grill toasten, jeweils quer halbieren.
2. Bohnen abtropfen lassen und in einer Schüssel mit passierten Tomaten, Stärke und Oregano mischen. Mit Salz und Pfeffer abschmecken. In einen kleinen Behälter füllen.
3. Obst und Gemüse waschen und abtrocknen.
4. Erdbeeren entstielen und mit dem restlichen Obst auf Spieße stecken.
5. Karotte schälen und in kleine Rechtecke schneiden.
6. Gurke längs in dünne Streifen schneiden oder hobeln. Gurkenstreifen zusammenklappen und mit Karottenstücken dekorativ auf einen Spieß stecken. Restliche Karottenstücke mit in die Brotdose geben.
7. Alle Zutaten in den Fächern der Lunchbox verteilen.

PAUSENBOX-IDEE 52:

Bärchenbrötchen, Joghurt mit Beeren und Gemüse-Mix

DAS IST DRIN:

1 Brötchenhälfte (z. B. Vollkornbrötchen)
1 EL Hummus (Rezept siehe S. 37)
1 Stück Salatgurke
einige Snacktomaten
einige Radieschen
60 g Naturjoghurt
½ TL flüssiger Honig
2 Erdbeeren
2 Paranusskerne

SO WIRD'S GEMACHT:

1. Brötchenhälfte mit Hummus bestreichen.
2. Gurke, Snacktomaten und Radieschen waschen und abtrocknen.
3. Von der Gurke 2 Scheiben abschneiden und diese als Bärenaugen auf die mit Hummus bestrichene Brötchenhälfte setzen. ½ Snacktomate als Nase in die Mitte drücken. Radieschen in Scheiben schneiden, 2 Scheiben halbieren und Mund und Ohren daraus bilden.
4. Die restlichen Radieschenscheiben, Snacktomaten und die restliche in Streifen geschnittene Gurke in die Pausenbox geben.
5. Joghurt mit Honig verrühren.
6. Erdbeeren waschen, abtrocknen, entstielen, klein schneiden und zum Joghurt geben.
7. Alle Zutaten in der Lunchbox anrichten.

PAUSENBOX-IDEE 53:

Heidelbeer-Bananen-Muffins, Gurken-Karotten-Sticks, Beeren und Banane

DAS IST DRIN:

3 Heidelbeer-Bananen-Muffins (Rezept siehe S. 133)
einige Heidelbeeren
einige Himbeeren
1 Stück Karotte
1 Stück Salatgurke
½ Banane

SO WIRD'S GEMACHT:

1. Heidelbeer-Bananen-Muffins backen und auskühlen lassen.
2. Beeren und Gemüse waschen und abtrocknen.
3. Karotte schälen und wie die Gurke in kurze Sticks schneiden.
4. Die Beeren in einem Fach der Lunchbox vermischen.
5. Bananenschale etwas anschneiden, damit sie sich besser abschälen lässt.
6. Alle Zutaten in die einzelnen Abteile der Pausenbox füllen.

HEIDELBEER-BANANEN-MUFFINS

Zutaten für 3 Muffins:

1 mittelgroße reife Banane
20 g ungesüßtes Apfelmus
20 ml Milch oder Pflanzendrink
10 ml Agavendicksaft
15 g flüssiges Kokosöl oder Sonnenblumenöl
60 g Mehl (z. B. Dinkelmehl)
½ TL Backpulver
¼ TL Natron
½ TL gemahlener Zimt
45 g Heidelbeeren

1. Backofen auf 180 °C Umluft vorheizen.
2. Banane schälen und in einer Schüssel mit einer Gabel zerdrücken.
3. Apfelmus, Milch, Agavendicksaft und Kokosöl hinzufügen und mit dem Schneebesen vermischen.
4. Mehl, Backpulver, Natron sowie Zimt in einer zweiten Schüssel mischen. Zu den feuchten Zutaten geben und gut verrühren.
5. Heidelbeeren waschen, abtrocknen und mit dem Spatel unter die Teigmasse heben.
6. Teig in 3 Papier-Muffinformen füllen und Muffins im Backofen in 15–20 Minuten goldbraun backen.

TIPP: Wenn Sie gleich mehr Muffins backen wollen, einfach die Mengen entsprechend anpassen. Sie lassen sich sehr gut einfrieren, sodass Sie immer einen Vorrat haben. Tiefgefrorene Muffins dann einfach über Nacht in den Kühlschrank legen und am nächsten Morgen in die Lunchbox packen.

PAUSENBOX-IDEE 54:

Toast-Smiley mit Käserolle, Gurken-Paprika-Spieße und Beeren-Pudding

DAS IST DRIN:

Beeren-Pudding (Rezept siehe S. 135)
1 Stück rote Paprikaschote
1 Stück Salatgurke
2 Scheiben Toast (z. B. Vollkorntoast)
25 g Frischkäse
2 Scheiben Hühnerbrust oder Wurst
1 Scheibe Käse (z. B. Gouda)

SO WIRD'S GEMACHT:

1. Beeren-Pudding zubereiten und in die Lunchbox geben.
2. Gemüse waschen und abtrocknen.
3. Paprikaschote entkernen und wie die Gurke in kleine Stücke schneiden und auf Zahnstocher oder kleine Spieße stecken oder einfach gemischt in ein Fach der Pausenbox geben.
4. 1 Scheibe Toast mit Frischkäse bestreichen und mit Hühnerbrust belegen. Die zweite Toastscheibe darauflegen und dann ein lachendes Gesicht mit einer Form ausstechen oder mit dem Messer vorsichtig zuschneiden. Toastränder (evtl. noch etwas zurechtschneiden) mitsamt ausgestochenem Toastgesicht in ein Fach der Box legen.
5. Käsescheibe aufrollen und hinzufügen.

BEEREN-PUDDING

Zutaten für 1 Portion:

60 ml Milch

1–1 ¼ TL Puddingpulver mit Waldbeerengeschmack

1 TL Kokosblütenzucker oder Honig (bzw. Süßungsmittel nach Belieben)

1 Erdbeere

1. 2 EL Milch in einer kleinen Schüssel mit dem Puddingpulver verrühren. Restliche Milch mit Kokosblütenzucker in einer hitzebeständigen Muffinform in der Mikrowelle auf höchster Stufe 20–30 Sekunden erhitzen. Pudding-Milch-Mischung einrühren und alles nochmals 20 Sekunden erhitzen. Alternativ können Sie den Pudding natürlich auch im Topf anrühren und auf dem Herd erhitzen.
2. Erdbeere waschen, abtrocknen, entstielen und dann klein schneiden. Die Erdbeerstücke auf den Pudding geben. Pudding abkühlen lassen.

PAUSENBOX-IDEE 55:

Beeren-Zimtschnecken, süßer Quark und Gemüse mit Wurst- und Käserollen

DAS IST DRIN:

2 Beeren-Zimtschnecken
(Rezept siehe S. 137)
1 Portion süßer Quark (Rezept siehe S. 138)
1 Karotte
einige Snacktomaten
2 Scheiben Hähnchenbrust oder Wurst
1 Scheibe Käse (z. B. Gouda)
1 Salzstange

SO WIRD'S GEMACHT:

1. Beeren-Zimtschnecken backen und abkühlen lassen.
2. Süßen Quark zubereiten.
3. Gemüse waschen und abtrocknen.
4. Karotte schälen und halbieren.
5. Hähnchenbrustscheiben halbieren und 2 Stücke um die Karottenstücke wickeln.
6. Käsescheibe halbieren, eine Hälfte mit 1 Stück Hähnchenbrust aufrollen, die zweite Hälfte sowie die verbliebene Hähnchenbrust jeweils einzeln aufrollen und mit einem Stück Salzstange fixieren.
7. Alle Zutaten schön bunt in der Lunchbox anrichten.

BEEREN-ZIMTSCHNECKEN

Zutaten für 18 Stück:

Für den Teig:

125 ml lauwarme Milch
12 g frische Hefe
1 Prise Kokosblütenzucker oder Zucker
50 g Margarine
125 g Dinkelmehl oder Weizenmehl + etwas Mehl für die Arbeitsfläche
125 g Dinkelvollkornmehl
20 g Kokosblütenzucker oder Honig (bzw. Süßungsmittel nach Belieben)
1 Prise Salz
1 Ei

Für die Füllung:

30 g Margarine oder Butter
1½ TL gemahlener Zimt
2 EL Kokosblütenzucker oder Zucker
75 g Heidelbeeren
75 g Erdbeeren

1. Lauwarme Milch in eine Schüssel geben, die Hefe hineinbröckeln und 1 Prise Kokosblütenzucker dazugeben. Alles gut verrühren. Mischung an einem warmen Ort zugedeckt ca. 15 Minuten gehen lassen.
2. 30 g Margarine in einem Topf zerlassen und abkühlen lassen. Mehle in einer Schüssel mit Kokosblütenzucker und Salz mischen. Flüssige Margarine, Ei und Hefemilch mit dem Handrührgerät untermischen und alles zu einem glatten Teig kneten. 30 Minuten zugedeckt gehen lassen.
3. Währenddessen die Füllung zubereiten. Hierfür die Margarine in einem Topf zerlassen und abkühlen lassen. Mit Zimt und Kokosblütenzucker vermischen.
4. Teig nochmals durchkneten und auf einer bemehlten Arbeitsfläche ca. 1 cm dick ausrollen. Mit der Margarine-Zimt-Mischung bestreichen.
5. Beeren waschen und abtrocknen. Erdbeeren entstielen und klein schneiden. Heidelbeeren und Erdbeerstücke gleichmäßig auf dem Hefeteig verteilen.
6. Aus dem Teig 18 fingerbreite Streifen schneiden und diese vorsichtig einrollen. Röllchen in Papierförmchen setzen, diese in einer Muffinform platzieren und Schnecken nochmals 10 Minuten gehen lassen.
7. Die restliche Margarine in einem Topf schmelzen.
8. Backofen auf 200 °C Ober-/Unterhitze vorheizen. Schnecken ca. 20 Minuten im Ofen goldbraun backen; nach 10 Minuten mehrmals mit der flüssigen Margarine bestreichen. Sollten die Schnecken während des Backvorgangs zu dunkel werden, mit Alufolie abdecken. Schnecken abkühlen lassen.

SÜSSER QUARK

Zutaten für 1 Portion:
100 g Magerquark
50 g Frischkäse
20 g Honig
6–8 EL Wasser
4 ganze Mandeln

1. In einer Schüssel Magerquark, Frischkäse, Honig und Wasser cremig rühren.
2. Die Mandeln fein hacken. Den Quark in einen eigenen Behälter oder gleich in die Pausenbox füllen und mit den Mandeln bestreuen.

TIPP: Den süßen Quark können Sie vor dem Verzehr auch als Topping über die Beeren-Zimtschnecken träufeln bzw. die Zimtschnecken hineindippen.

PAUSENBOX-IDEE 56:
Regenbogen-Piccolini, Gurkenblümchen, Snacktomaten und Weintrauben

DAS IST DRIN:

1 Regenbogen-Piccolini (Rezept siehe S. 141)
1 Stück Salatgurke
einige Snacktomaten
einige dunkle Weintrauben

SO WIRD'S GEMACHT:

1. Regenbogen-Piccolini backen und auskühlen lassen.
2. Gemüse und Weintrauben waschen und abtrocknen.
3. Gurken erst in Scheiben und dann in Blümchenform schneiden oder ausstechen.
4. Piccolinis mit Tomaten, Gurkenblümchen und Weintrauben in der Brotdose anrichten.

REGENBOGEN-PICCOLINI

Zutaten für 3–4 Piccolinis:

- 200 g griechischer Naturjoghurt
- 250 g Mehl (z. B. Weizenvollkornmehl) + etwas Mehl für die Arbeitsfläche
- 1 TL Backpulver
- ½ TL Salz
- 2–3 EL passierte Tomaten
- Salz, Pfeffer
- getrockneter Oregano
- 3 EL geriebener Mozzarella (ca. 1 EL pro Piccolini)
- 1 rote Zwiebel
- 1 grüne Paprikaschote oder Brokkoli
- 1 orange Paprikaschote
- 1 rote Paprikaschote
- 100 g Mais aus der Dose

1. Joghurt, Mehl, Backpulver und Salz in einer Schüssel mit dem Handrührgerät verkneten. Falls der Teig zu klebrig ist, noch etwas Mehl hinzufügen. Falls er zu trocken ist, etwas Joghurt zugeben.
2. Den Teig zu 3–4 kleinen Kugeln formen und je nach gewünschter Größe und Dicke des Pizzabodens auf einer bemehlten Arbeitsfläche mit dem Nudelholz ausrollen (Teig geht durch das Backpulver noch auf). Teig für eine ovale Form etwas auseinanderziehen. Piccolinis auf ein mit Backpapier belegtes Blech legen.
3. Backofen auf 180 °C Ober-/Unterhitze vorheizen.
4. Passierte Tomaten auf die Piccolinis aufstreichen. Mit Salz, Pfeffer und Oregano würzen und mit jeweils 1 EL Mozzarella bestreuen.
5. Zwiebel abziehen und in kleine Stücke schneiden.
6. Paprikaschoten waschen, abtrocknen, entkernen und würfeln.
7. Danach die Zutaten für den »Regenbogen« in Reihen übereinander auf die Pizzaböden geben: rote Zwiebel, grüne, orange und rote Paprika und zum Schluss den abgetropften Mais.
8. Piccolinis in den Backofen schieben und 15–20 Minuten backen.

PAUSENBOX-IDEE 57:
Pancake-Spieße, Beeren- und Nuss-Trockenfrüchte-Mix

DAS IST DRIN:

2 Pancake-Spieße (Rezept siehe S. 143)
einige Brombeeren
einige Himbeeren
Nuss-Trockenfrüchte-Mix aus Cashewkernen, Mandeln, Haselnüssen, Macadamianüssen, Cranberrys und Bananenchips

SO WIRD'S GEMACHT:

1. Pancake-Spieße zubereiten.
2. Beeren waschen und abtrocknen.
3. Alle Zutaten schön bunt in die Pausendose einfüllen.

PANCAKE-SPIESSE

Zutaten für 2 Spieße:

40 g reife Banane
30 ml Milch
5 g flüssiges Kokosöl oder Nussmus
½ TL Apfelessig
35 g Mehl (z. B. Dinkelmehl)
½ TL Backpulver
1 EL Öl (z. B. Kokosöl oder Sonnenblumenöl)
einige Brombeeren
einige Himbeeren
1 EL Haselnuss-Schoko-Creme (Rezept siehe S. 95)

1. Banane schälen und mit Milch, Kokosöl und Essig in eine Schüssel geben. Mit dem Stabmixer pürieren.
2. Mehl und Backpulver vermischen und zu den feuchten Zutaten geben. Mit dem Handrührgerät zu einem glatten Teig verrühren und diesen dann 15 Minuten ruhen lassen.
3. Öl in einer Pfanne erhitzen und portionsweise jeweils 1 TL Teig hineinsetzen und zu kleinen Pancakes mit 3 cm Durchmesser ausbacken, dabei einmal wenden. Vorgang wiederholen, bis der Teig aufgebraucht ist. Pancakes abkühlen lassen.
4. Beeren waschen und abtrocknen.
5. Jeweils 1 Pancake mit etwas Haselnuss-Schoko-Creme bestreichen und einen zweiten Pancake daraufsetzen. Gefüllte Pancakes abwechselnd mit den Beeren auf Spieße stecken.

PAUSENBOX-IDEE 58:
Pikante Crêpes, Beeren-Bliss-Balls, Himbeeren und Gurkensterne

DAS IST DRIN:

2 pikante Crêpes (Rezept siehe S. 145)
3 Beeren-Bliss-Balls (Rezept siehe S. 145)
einige Himbeeren
1 Stück Salatgurke

SO WIRD'S GEMACHT:

1. Pikante Crêpes und Beeren-Bliss-Balls zubereiten. Crêpes in Stücke schneiden.
2. Himbeeren und Gurke waschen.
3. Gurke in Scheiben schneiden und mit einer Sternform Sterne ausstechen.
4. Alle Zutaten schön bunt in der Brotdose anrichten.

PIKANTE CRÊPES

Zutaten für 2 Stück:

25 g Mehl (z. B. Dinkelvollkornmehl)
1 Ei
30 ml Milch
Salz, Pfeffer
1 TL Öl (z. B. Rapsöl)
50 g Babyspinat
60 g Fetakäse
10 g Pinienkerne

1. Mehl in einer Schüssel mithilfe eines Schneebesens mit dem Ei verquirlen. Milch einrühren, salzen und pfeffern.
2. Öl in einer Pfanne erhitzen und aus dem Teig darin 2 Crêpes ausbacken. Beim Backen einmal wenden.
3. Spinat waschen und abtropfen lassen, evtl. klein hacken.
4. Die Crêpes jeweils mit Blattspinat, zerbröckeltem Feta und Pinienkernen (evtl. hacken) belegen. Dann einrollen und in Stücke schneiden.

BEEREN-BLISS-BALLS

Zutaten für 9 Stück:

70 g Heidelbeeren
½ Banane
1 TL Honig
50 g Mandelmehl oder gemahlene Mandeln
30 g Kokosflocken

1. Heidelbeeren waschen und abtrocknen.
2. Banane schälen und mit den Heidelbeeren und dem Honig in eine Schüssel geben. Mit dem Stabmixer pürieren.
3. Mandelmehl und Kokosflocken hinzufügen und mit dem Obstpüree verkneten. Aus dem Teig 9 kleine Bällchen formen. Falls die Masse noch zu weich ist, einfach etwas mehr Mandelmehl und Kokosflocken dazugeben.

PAUSENBOX-IDEE 59:

Wölkchen-Toast, bunte Snackbällchen, Popcorn, Käse, Schinken, Gemüse und Obst

DAS IST DRIN:

bunte Snackbällchen (Rezept siehe S. 147)
Zimt-Popcorn (Rezept siehe S. 111)
1 Stück Salatgurke
1 Stück Karotte
einige dunkle Weintrauben
2 Scheiben gekochter Schinken oder Wurst
½ Scheibe Käse (z. B. Gouda)
2 Scheiben Vollkorntoast oder Brot
einige Mandarinenstücke
einige Mandeln

SO WIRD'S GEMACHT:

1. Bunte Snackbällchen und Popcorn zubereiten.
2. Gurke, Karotte und Weintrauben waschen und abtrocknen.
3. Karotte schälen und in Streifen schneiden.
4. Gurke in kleine Viertel schneiden.
5. Schinken einrollen.
6. Aus der Käsescheibe nette Formen ausstechen (z. B. Sterne).
7. Toastscheiben mit dem Panini-Grill oder Toaster rösten und dann in Wölkchenform ausstechen oder entsprechend ausschneiden.
8. Toast- und Käsereste in Streifen schneiden und mit in die Lunchbox geben.
9. Mandarinenstücke mit Popcorn, Mandeln und Weintrauben in ein Fach der Box füllen.
10. Alle Zutaten schön bunt in der Pausenbox anordnen.

BUNTE SNACKBÄLLCHEN

Zutaten für 9 Stück:

30 g Großblatt-Haferflocken
15 g zarte Haferflocken
1 EL flüssiger Honig
1–1 ½ EL Mandelbutter (ohne Zusätze) oder Erdnussbutter
½ Packung Mini-Smarties oder Schokodrops

1. Alle Zutaten in einer Schüssel gut verkneten.
2. Masse 1 Stunde im Kühlschrank kalt stellen. Aus dem Teig mit feuchten Händen 9 Bällchen formen.

PAUSENBOX-IDEE 60:

Süßkartoffelgnocchi mit Zucchini-Tomaten-Gemüse, Mozzarellaherzen, Apfel- und Kiwistücke

DAS IST DRIN:

1 Portion Süßkartoffelgnocchi (Rezept siehe S. 149)

1 Portion Zucchini-Tomaten-Gemüse (Rezept siehe S. 150)

250 g Mozzarella

1 Stück Apfel

etwas Zitronensaft

½ Kiwi

SO WIRD'S GEMACHT:

1. Süßkartoffelgnocchi und Zucchini-Tomaten-Gemüse zubereiten und in einem Fach in der Lunchbox vermischen.
2. Mozzarella abtropfen lassen, in Scheiben schneiden und mit einem Herzausstecher Herzen ausstechen.
3. Apfel waschen, abtrocknen, entkernen und in Scheiben schneiden. Mit etwas Zitronensaft beträufeln, um Verfärbungen zu vermeiden.
4. Kiwi in Scheiben schneiden. Aus den Apfel- und Kiwischeiben verschiedene Formen wie Blumen oder Sterne ausstechen.
5. Alle Zutaten schön bunt in der Lunchbox anordnen.

SÜSSKARTOFFELGNOCCHI

Zutaten für 2–3 Portionen:

500 g Süßkartoffeln
200 g Mehl (z. B. Dinkelmehl) + etwas Mehl für die Arbeitsfläche
½ TL Salz
2 EL Hefeflocken oder Haferflocken
1 EL Öl (z. B. Olivenöl)

1. Ofen auf 200 °C Ober-/Unterhitze vorheizen.
2. Süßkartoffeln halbieren und die Schale mehrmals mit einer Gabel einstechen.
3. Süßkartoffelhälften mit der Schnittfläche nach unten auf ein mit Backpapier ausgelegtes Backblech legen und im Ofen 20–40 Minuten (abhängig von der Größe der Süßkartoffeln) backen, bis die Süßkartoffeln weich sind.
4. Die Schalen der Süßkartoffeln abziehen und die Süßkartoffeln in einer großen Schüssel mit dem Kartoffelstampfer oder mit einer Gabel zerdrücken.
5. Mehl, Salz, Hefeflocken und Öl hinzugeben, alles gut verrühren und mit den Händen zu einem Teig verkneten.
6. Arbeitsfläche mit etwas Mehl bestäuben und den Teig darauf in 4 etwa gleich große Teile zerteilen. Die Teigstücke mit den Händen zu daumendicken Rollen formen und diese mit einem Messer in etwa 2 cm große Stücke zerteilen.
7. Jedes dieser Stücke über die Zinken einer Gabel rollen oder damit etwas eindrücken, sodass das für Gnocchi typische Muster entsteht.
8. Einen großen Topf mit gesalzenem Wasser zum Kochen bringen und die Gnocchi darin so lange köcheln lassen, bis sie an die Wasseroberfläche steigen. Gnocchi mit einem Schaumlöffel herausheben und auf einem Teller beiseitelegen.

▶

ZUCCHINI-TOMATEN-GEMÜSE

Zutaten für 2–3 Portionen:

250 g Zucchini
150 g Snacktomaten
1 Knoblauchzehe
1 EL Öl (z. B. Olivenöl)
½ TL getrocknete italienische Kräuter
Salz, Pfeffer

1. Zucchini und Snacktomaten waschen und abtrocknen.
2. Zucchini der Länge nach halbieren und in Scheiben schneiden. Snacktomaten halbieren. Knoblauchzehe abziehen und fein hacken.
3. Öl in einer Pfanne erhitzen. Zucchinischeiben darin einige Minuten anbraten. Tomaten und Knoblauch hinzufügen. Mit italienischen Kräutern, Salz und Pfeffer abschmecken.

Über die Autorin

Veronika Pichl ist Autorin zahlreicher Kochbücher und Ratgeber. Mit ihren Büchern und ihrem Blog-Magazin »HappyFitFood – Gesunde Ernährung mit Fun-Faktor« möchte sie ihre Leser zu einem gesünderen und glücklicheren Leben inspirieren. Im riva Verlag sind bereits viele erfolgreiche Bücher von ihr erschienen. Sie lebt mit ihrem Mann und ihren beiden Kindern im schönen Mittelfranken. Mehr Infos zur Autorin und ihren Büchern finden Sie auf **www.veronikapichl.de**.

Im Blog-Magazin von Veronika Pichl auf **www.happyfitfood.de** erscheinen regelmäßig leckere Rezepte, darunter Meal Prep- und Lunchbox-Ideen für Groß und Klein. Außerdem gibt es wissenswerte Beiträge, um mehr Bewegung in den Alltag zu bringen und Kilos zu verlieren, aber auch Tipps, um seine Ziele zu erreichen – für eine nachhaltige Lebensweise und mehr Zufriedenheit im Leben.

Kostenloses Bonusmaterial zum Buch

Unendliche Ideen für Lunchboxen

Sie haben hoffentlich direkt Lust bekommen, mit Ihren Kindern loszulegen und leckere Boxen zu kreieren. »Planung ist das halbe Leben« – das gilt auch für die Zubereitung von Pausenboxen. Aus Erfahrung weiß ich, dass irgendwann die Inspiration fehlt und schon verfällt man wieder in alte Muster. Das muss nicht sein!

Deshalb habe ich exklusiv für Sie ein großes kostenloses Paket an zusätzlichen Materialien vorbereitet.

Im kostenlosen Bonuspaket sind u.a. enthalten:

- kostenloser Mitgliedsbereich »HappyFitFood für Kinder« mit vielen tollen Rezept- und Lunchbox-Ideen für Kids sowie Video-Tutorials
- die 50 besten Lunchbox-Snacks für Kinder zum Ausdrucken
- kostenloser fünfteiliger Starter-Kurs »Tolle Pausenboxen für Kinder«

Viel Spaß damit und herzliche Grüße
Veronika Pichl

Zugreifen können Sie auf: **https://info.happyfitfood.de/lunchboxen/bonus**

Mitwirkende

Ihnen fehlt die Motivation, sich in die Küche zu stellen und etwas Gesundes zu kochen? Dann lassen Sie sich von **Vanessa F.** inspirieren. Sie zeigt auf ihrem Instagram-Account **@vanessas.gymfood**, wie man schnelle und vor allem eiweißreiche Gerichte und Süßspeisen zubereitet.

Ronja alias Miss Grünkern präsentiert auf ihrem Instagram-Account **@miss_gruenkern** eine Mischung aus Food-Fotografie-Wissen und leckeren veganen und vegetarischen Rezepten.

Empfehlungen

Divata bietet eine riesige Auswahl an bunten Brotdosen mit Fächern, Bento- und Snackboxen für Kinder und auch Erwachsene. Außerdem auslaufsichere Trinkflaschen, wiederverwendbare Quetschbeutel für Smoothies und jede Menge Ausstecher und Zubehör, die man für die Gestaltung einer schönen Lunchbox sehr gut brauchen kann: **www.divata.de.**

Pausenboxen für die beliebtesten Mahlzeiten to go gibt es auch von EMSA. Mit den CLIP & GO Lunchboxen wird jedes Essen, egal ob Müsli, Salat, Sandwiches oder Lunch, richtig und auslaufsicher transportiert. Weitere Infos zu den Lunchboxen – made in Germany – und Onlinehändlern finden Sie unter **www.emsa.com**.

Anregungen für hochwertige Meal-Prep-Container und Pausenboxen für Ihr tägliches Meal Prep erhalten Sie unter **www.fitprep.de**.

Bild- und Rezeptnachweis

S. 11: nadisja/shutterstock.com
S. 13: Firma V/shutterstock.com
S. 14: Oksana Kuzmina/shutterstock.com
S. 15: catalin eremia/shutterstock.com
S. 16: Maddas/shutterstock.com
S. 18 links oben: zefirchik06/shutterstock.com
S. 18 links unten: Elena Shashkina/shutterstock.com
S. 18 rechts: Evdokimov Maxim/shutterstock.com
S. 20: David Moreno Hernandez/shutterstock.com
S. 21: Dado Photos/shutterstock.com
S. 22: Evgeny Karandaev/shutterstock.com
S. 25: gobinz/shutterstock.com
S. 151: © privat

Ronja Pfuhl (@miss_gruenkern, foodnphoto.de):
S. 28–33, S. 40–41, S. 46–47, S. 52–53, S. 80–81, S. 90–91, S. 94–95, S. 142–143

Vanessa Faschinbauer (@vanessas.gymfood):
S. 27, S. 34–35, S. 38–39, S. 42–43, S. 50–51, S. 56–57, S. 60–61, S. 66–69, S. 72–73, S. 76–77, S. 82–83, S. 86–89, S. 96–99, S. 102–103, S. 108–111, S. 114–115, S. 120–121, S. 128–139, S. 144–147

Miriam Matin:
S. 36–37, S. 44–45, S. 48–49, S. 58–59, S. 62–65, S. 70–71, S. 74–75, S. 78–79, S. 84–85, S. 100–101, S. 106–107, S. 112–113, S. 116–119, S. 122–125, S. 148–150

Zutatenregister

A

Ananas 76, 120

Äpfel 36, 38, 43, 52, 62, 65, 66, 76, 82, 96, 98, 102, 112, 116, 148

Apfelmus 76, 133

Avocado 42, 45, 57

B

Bananen 29, 32, 47, 53, 77, 78, 83, 84, 87, 88, 101, 108, 119, 122, 132, 133, 143, 145

Birnen 62

Blätterteig 67

Blumenkohl 63, 107

Bohnen 115, 128

Brokkoli 65, 97, 141

Brombeeren 94, 142, 143

Brot 30, 32, 35, 42, 48, 54, 56, 60, 72, 86, 89, 90, 92, 98, 108, 110, 126, 130, 146

C

Cashewkerne 28, 33, 94

Cashewmus 33

Champignons 79

Clementinen 100

Crème fraîche 51

D

Datteln 33, 95

E

Eier 35, 57, 63, 65, 67, 69, 79, 80, 83, 95, 97, 105, 113, 117, 137, 145

Erbsen 74, 115

Erdbeeren 32, 34, 38, 43, 57, 68, 70, 90, 96, 105, 108, 112, 126, 128, 130, 135, 137

Erdnussmus 43, 53

F

Feigen 48

Frischkäse 32, 35, 53, 54, 57, 60, 62, 67, 89, 90, 102, 110, 117, 121, 134, 138

G

Granatapfel 76

Gurken 30, 32, 38, 48, 52, 53, 54, 55, 60, 62, 66, 72, 89, 90, 92, 96, 98, 100, 102, 104, 106, 108, 110, 116, 120, 126, 128, 130, 132, 134, 140, 144, 146

H

Haferflocken 29, 33, 53, 65, 87, 101, 104, 119, 147, 149

Hähnchen 39, 51, 67, 108, 110, 121, 126, 134, 136

Heidelbeeren 28, 46, 50, 54, 64, 68, 72, 88, 89, 92, 94, 96, 105, 120, 128, 132, 133, 137, 145

Himbeeren 28, 32, 46, 54, 64, 68, 72, 80, 94, 105, 110, 118, 132, 142, 143, 144

J

Joghurt 28, 35, 57, 59, 65, 76, 104, 109, 112, 121, 130, 141

K

Karotten 32, 36, 38, 48, 51, 52, 58, 60, 62, 80, 88, 92, 96, 98, 104, 106, 110, 118, 122, 128, 132, 136, 146

Kartoffeln 93, 115, 125

Käse 30, 32, 34, 35, 39, 40, 48, 53, 54, 60, 63, 66, 69, 70, 72, 80, 85, 86, 90, 98, 102, 107, 108, 116, 117, 121, 122, 124, 126, 134, 136, 141, 145, 146, 148
Kichererbsen 37
Kidneybohnen 45
Kiwi 70, 110, 148
Knäckebrot 36, 58, 102

L

Lauch 65

M

Magerquark 35, 57, 117, 138
Mais 39, 45, 111, 141
Mandarinen 60, 82, 114, 146
Mandelmus 53, 66
Mango 46, 47, 120
Mehl 29, 47, 65, 69, 77, 83, 95, 97, 105, 107, 113, 115, 119, 121, 133, 137, 141, 143, 145, 149
Milch 29, 33, 41, 47, 67, 77, 95, 97, 101, 115, 119, 127, 133, 135, 137, 143, 145

N

Nektarinen 94, 124
Nudeln 74, 148
Nüsse 34, 46, 56, 70, 87, 95, 104, 112, 119, 122, 130, 138, 142, 146

P

Paprika 44, 74, 85, 88, 96, 100, 110, 120, 121, 125, 126, 134, 141
Pfirsich 74
Pflanzendrink 29, 33, 41, 47, 77, 95, 101, 119, 133
Pflaumen 106

Q

Quinoa 45, 63

R

Radieschen 34, 35, 60, 89, 92, 108, 130

S

Salat 48, 53, 67, 108
Sauerrahm 51, 59
Schinken 30, 60, 67, 69, 72, 98, 122, 146
Schmand 59
Schokolade 64, 83, 87, 114, 119, 147
Sesammus 37
Spinat 53, 145
Süßkartoffeln 149

T

Thunfisch 42
Toast 42, 48, 86, 110, 128, 134, 146
Tomaten 30, 39, 40, 58, 64, 70, 78, 80, 84, 86, 90, 98, 104, 110, 116, 121, 126, 130, 136, 140, 150
Tortilla-Wraps 39, 53, 85

W

Wassermelone 92
Weintrauben 30, 40, 44, 60, 66, 86, 90, 108, 122, 128, 140, 146
Wurst 30, 39, 51, 55, 67, 92, 97, 98, 102, 108, 110, 121, 122, 134, 136, 146

Z

Zitronen 37, 42, 43, 45, 51, 57, 62, 82, 102, 116, 148
Zucchini 39, 150

160 Seiten
12,99 € (D) | 13,40 € (A)
ISBN 978-3-7423-0353-0

Veronika Pichl

Meal Prep – Gesunde Mahlzeiten vorbereiten, mitnehmen und Zeit sparen

Über 70 Rezepte und 10 Wochenpläne

Meal Prep bedeutet, dass man mit sinnvoller Planung Mahlzeiten für mehrere Tage oder die ganze Woche vorkocht oder vorbereitet, die man dann zur Arbeit oder in die Uni mitnehmen und natürlich auch abends zu Hause genießen kann. Die Vorteile liegen auf der Hand: Durch clevere Wochen-, Tages- und Einkaufsplanung spart man Zeit. Man kauft nicht mehr spontan ungesundes Fast Food oder Snacks. Man weiß genau, was drin ist: gesunde, frische Zutaten ohne Geschmacksverstärker oder Zusätze. Und das Essen schmeckt lecker.

Das Buch enthält zahlreiche Rezepte, Wochenpläne und Einkaufslisten und erklärt Ihnen darüber hinaus genau, was Sie einfrieren können, wann die Lagerung im Kühlschrank oder der Vorratskammer ausreicht, was Sie vorbereiten und die ganze Woche verwenden können.

riva